個人事業主と法人を上手に活かした効率経営

ルー大谷 著

セルバ出版

はじめに

私自身、個人事業主と会社経営を兼業して7年目になるわけですが、この2つの仕組みを知れば知るほど、「個人事業主」と「会社経営」は、合わせることで初めて最大限の効率を発揮するのだとわかりました。

そして、創業セミナーや税理士、ひいては日本政府までもが、いかに網羅性に欠けるアドバイスをしているのかを身をもって知ることにもなりました。

アベノミクスの第3の矢では、「中小企業・小規模事業者の生産性向上」というものが含まれており、「経営力向上にかかる取組みの支援」として、税制面からの支援にも取り組むとしています。

しかし、個人事業主が税制面や年金の面で酷遇を受けているのが実態です。

個人事業主の老後必要資金や基礎年金受給額の問題などは切実であり、自助努力はするものの、自営業をしているがゆえに、仕組みの上で将来が不安定になってしまっています。

創業時に、専門家にアドバイスを受けるべく、創業セミナーや税理士に相談に行かれたかと思いますが、多くの方が「利益の規模がある程度大きくなるまでは個人事業主がよい」とおすすめされたかと思います。

しかし、それは税金という1つの側面から見ると正しいことなのですが、個人事業主が抱える課題全体で見ると誤りであることに気づいていません。

本書は、「個人事業主」兼「会社経営」をしている私自身が、「個人事業主だけ」でも「会社経営だけ」でもなく、その2つを組み合わせることで、最大限の効率を発揮する「効率経営」をどのように実現しているのかを書いた本です。

繰返しになりますが、現在の日本社会の仕組みは、個人事業主や零細企業に非常に厳しいものとなっています。

本書は、節税に対する極端な例も記載していますが、将来の老後必要資金や基礎年金受給額の問題がある上、節税せずに事業の成長投資にお金を使えず、大企業に比べて競争力が失われてしまっているのでは、個人事業主はジリ貧状態です。

実際に政府の発表では、生産性の高い稼げる中小企業は、「ＩＴ投資、設備投資、賃金水準を高める」といった成長投資に積極的に取り組んでいるという調査結果が出ています。

税金を納めることは、日本で事業を運営する者としての義務ですが、節税したお金を事業の成長投資に使えば、自社は競争力が増しますし、それにより経済は回っていきます。

本書が、「個人事業主の方」、「会社経営の方」、「今から起業を考えている方」、いずれの方にも自分の手の中に経済を掌握する一助となれば幸いです。

２０２０年５月

ルー大谷

個人事業主と法人を上手に活かした効率経営　目次

第4章　まずは法人を設立して社長になろう

第5章 確定申告書・決算書の書き方

第6章　第3の事業

第7章　人生を楽しもう

第1章　個人事業主の落とし穴

1　個人事業主は規模にかかわらずにすぐに法人をつくろう

個人事業主の落とし穴

すでに個人事業主をされている方は、創業時に「法人」にするのか、それとも「個人事業主」で始めるのか悩まれたかと思います。

そして、起業セミナーや税理士の先生のアドバイスで、「事業の規模が大きくなるまでは個人事業主でいこう」と考えられた方が多くいらっしゃったのではないでしょうか。

しかしながら、現在の税金・年金の仕組みを考えると、実は事業規模にかかわらず、「法人」と「個人事業主」をうまく兼用することが合理的といえます。

個人事業主と法人との違いはいくつかありますが、大きなポイントを書き出すと次のものがあります。

①　決算書作成の難易度
②　赤字繰越しが可能な期間
③　個人事業主の青色申告よりも経費にできる幅が広がる（個人事業主の経費は非常に限定的）
④　所得に対する法人の税率と個人事業主の税率
⑤　国民保険（国民健康保険・国民年金）と社会保険（健康保険・厚生年金）

①　決算書作成の難易度

個人事業主の方は、毎年確定申告で「白色申告」「青色申告の10万円または65万円控除」を作成されてきたかと思いますが、「青色申告の65万円（または55万円）控除」を選択する場合には、複式簿記で決算処理をする必要があります。

個人事業主として独立する前に企業にお勤めされていて、会計・経理などのご経験があれば複式簿記による決算も難しくはないかもしれませんが、皆が皆そのような経験をお持ちなわけではありません。

そのため、恐らくほとんどの個人事業主の方は、難しい複式簿記が不要な「白色申告」か「青色申告の10万円控除」を選択されているかと思います。

（注）２０２０年度より、青色申告特別控除は、65万円控除・55万円控除・10万円控除の３本立てに税制改正されました。65万円控除を継続するには、電子帳簿保存もしくはe-Taxでの確定申告書の提出が義務づけられています。

一方、法人をつくった場合にも、やはり複式簿記で決算書を作成する必要が出てきます。しかも、決算書の作成は確定申告よりも複雑なため、本などを購入して自分で作成するのではなく、税理士にお願いすることが多く、結果的に費用も多く発生してしまいます。

ただ、その費用を差し引いて考えてみても、後述する「社会保険に加入する」という点で、「法人」を活用したほうが個人事業主のみで事業運営をしているよりもメリットがあるのです。

②　赤字繰越しが可能な期間

赤字の繰越しが可能な期間ですが、個人事業主で青色申告を選択されている場合の繰越期間が「3年間」なのに対し、法人の場合は「10年間」と7年間延びます。

個人事業主にしても法人の設立にしても、創業時には何かとお金がかかります。

また、事業というのは、将来の売上などが正確には読みにくいですし、会社員の給与所得とは異なり毎月必ず一定額がもらえるというわけではありません。

この点を考えると、個人事業主で青色申告をしている場合の赤字の繰越しが3年というのは、少し短いかと思います（図表1参照）。

法人にして、赤字の繰越しが10年間できるようになるということは、たとえ繰り越した赤字額が増えていったとしても、将来的に黒字になった年に過去の赤字と相殺することできるため、その年の法人税などの支払いを抑えることができるということです。そのため、私は赤字の繰越しを「赤字貯金」と表現しています。

例えば、個人事業主で、初年度に500万円の赤字が出たとします。その後の2期目~5期目までの間に毎年100万円ずつの黒字を出せたとしても、初年度の赤字を相殺することができるのは4期目までの3年間の合計300万円までとなり、相殺できなかった200万円の赤字は繰り越すことができません。

所得の金額によって税率は異なりますが、所得税が最低税率であった場合の節税率は15%であ

【図表１　赤字の繰越期間が３年間の場合】

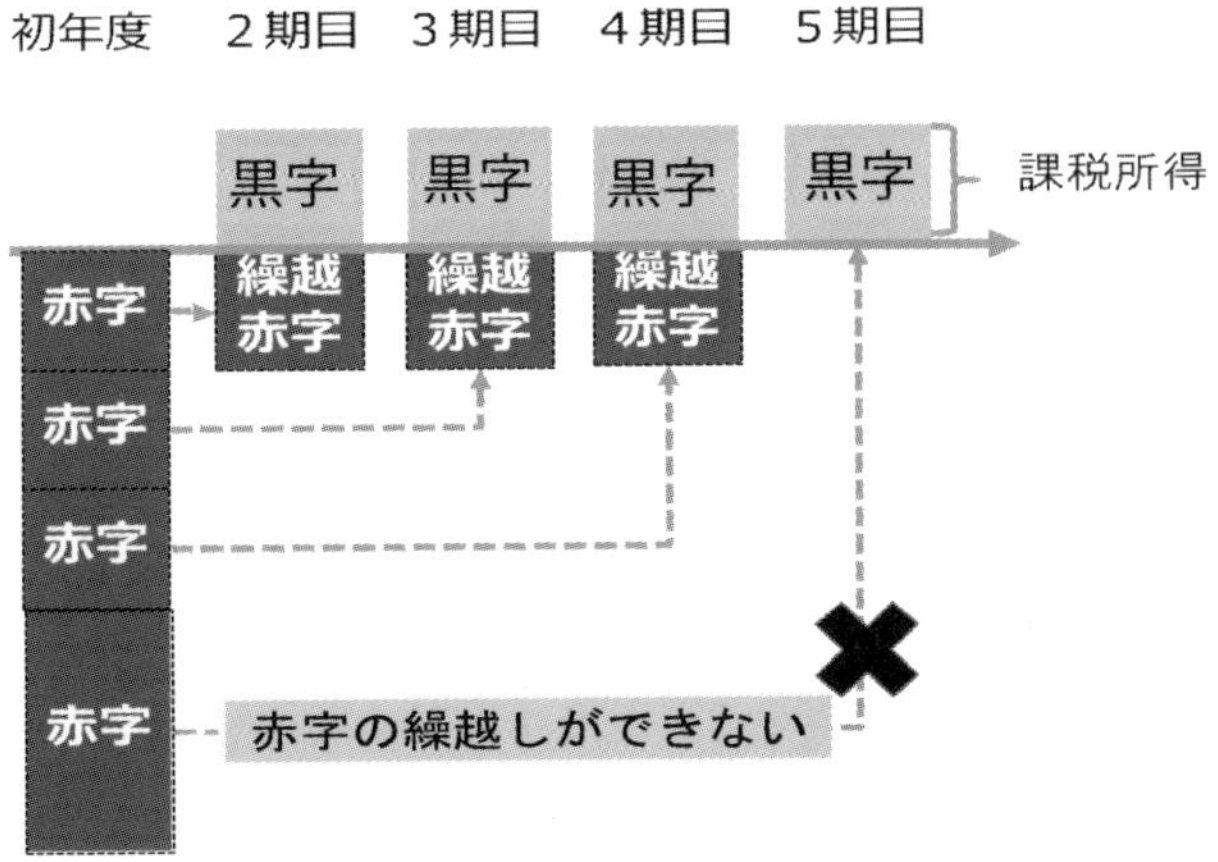

り、２００万円の赤字によって得られる節税メリットは30万円となるので、赤字はできるだけ繰越しできたほうがよいといえます。

対する法人の場合には、赤字の繰越しが10年間できるため、前述のように赤字貯金を捨ててしまう事態になる可能性は極めて低くなります。

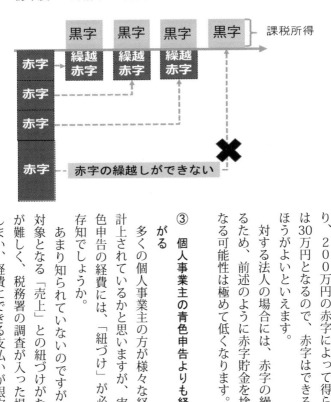

③　個人事業主の青色申告よりも経費にできる幅が広がる

多くの個人事業主の方が様々な経費を事業用として計上されているかと思いますが、実は個人事業主の青色申告の経費には、「紐づけ」が必要になることをご存知でしょうか。

あまり知られていないのですが、本来「経費」は、対象となる「売上」との紐づけがないと計上することが難しく、税務署の調査が入った場合には指摘されてしまい、経費にできる支払いが限定的となってしまうことがあります。

それに対して法人の場合は、「紐づけ」の必要はありません。もちろん、全く関係がない支出を経費とすることはできませんが、事業目的の範囲内で使った費用であれば、ほぼすべて経費計上することができます。

携帯電話、インターネット、駐車場、ガソリンなどにかかった費用も、個人使用分と按分して、6割程度までなら経費計上することができます。

【図表2　法人の実効法人税率】

所得	税率
400万円まで	26%
400万円超から800万円まで	28%
800万円超	34%

④　所得に対する法人の税率と個人事業主の税率

法人・個人事業主ともに所得に課税される税率は累進課税になりますが、その違いを見ていきましょう。

法人の場合、所得があると「法人税」「事業税」「地方法人税」「住民税」が課税され、その合計を「実効法人税率」といいます。所得が400万円までは約26%、400万円超から800万円までが28%、800万円超ですと34%の実効法人税率が課せられます（図表2参照）。

個人事業主の場合は少し複雑になりますが、所得から国民健康保険・国民年金・基礎控除・青色申告特別控除などが控除され、残りの課税所得に対して、「国民健康保険税」「所得税」「住民税」「個人事業税」が課税され

【図表３　個人事業主の税率】

１人世帯の場合：単位万円

所得	国民健康保険税	国民年金	所得税	住民税	個人事業税	合計金額	合計税率(年金を除く)	合計税率
100	2	20	0	0	0	22	2%	**22%**
200	14	20	3	6	0	42	11%	**21%**
300	23	20	5	15	0	62	14%	**21%**
400	32	20	14	24	0	89	17%	**22%**
500	40	20	23	33	5	121	20%	**24%**

夫婦２人世帯の場合（１人は所得ゼロ円）：単位万円

所得	国民健康保険税	国民年金	所得税	住民税	個人事業税	合計金額	合計税率(年金を除く)	合計税率
100	4.6	39.7	0	0	0	44	5%	**44%**
200	16.4	39.7	3	6	0	65	12%	**32%**
300	27.4	39.7	5	15	0	87	16%	**29%**
400	36.6	39.7	14	24	0	114	19%	**29%**
500	45.8	39.7	23	33	5	146	21%	**29%**

※年齢や年度、行政区域により税率など異なります。
最新の税率を確認するには各行政の公表の情報を参考にしてください。
※青色申告の65万円控除を適用。
※国民年金は一定額であるため、所得が低い場合に占める税率は高くなります。

ます。

国税庁が発表している個人事業主の平均所得は約４００万円ですので、本書では所得４００万円の人を例にして説明していきたいと思います。

まず、所得が４００万円の人の税率（国民健康保険税・所得税・住民税・個人事業税の合計）は17％です。これに毎年決められる一定額の国民年金保険料を加えると22％になります（図表３参照）。

先ほどの法人の実効税率と比べ、一見すると個人事業主の税率のほうが低いのは確かですが、後ほど詳しくご説明しますように、個人事業では経費にできる範囲が限定的であったり、社会保険に加入できなかったりといったデメリットがあります。

【図表4　税金の種類・課税方式と対比表】

個人事業主		法人		
税種類	課税方式	税種類		課税方式
所得税	累進税率	実効法人税率 (法人税、事業税など)		累進税率
住民税	一定税率			
個人事業税				
国民健康保険税		社会保険	健康保険	一定税率
国民年金	一定税額		厚生年金	

※実質的税金を含む

また、以後、個人事業主及び法人の税金についての話が続き、複雑になりますので、整理して読み進めていただくために、図表4の「税金の種類・課税方式と対比表」にまとめます。ご参考にしてください。

⑤　国民保険（国民健康保険・国民年金）と社会保険（健康保険・厚生年金）

個人事業主の方でも、常時雇用する従業員数が5名以上いる場合は社会保険への加入が義務づけられ、5名未満の場合でも任意で社会保険への加入は可能ですが、個人事業主本人と個人事業主の家族は社会保険には加入できません。

そのため、大体の個人事業主の方は、国民保険（国民健康保険・国民年金）に加入していることと思います。

一方、法人の場合には、従業員数に関係なく社会保険への加入が義務づけられています。ただし、従業員がいない状態で「役員報酬がゼロ」、もしくは「役員報酬が非常に少ない」場合は、社会保険に加入できないこともあります。

「社会保険への加入」は、手間も費用もかかり面倒というご意見が多いかと思いますが、これこそが個人事業主と法人を兼用することのメリットとなりますので、これから詳細をお伝えします。

社会保険加入による驚くべきメリット

基本的に、法人から自分に役員報酬を支払うと、「社会保険」に加入する義務が発生します。「社会保険に加入すると、諸々の手続や会社負担の支払いが発生するのでよくない」と思われるかもしれませんが、先にも述べましたとおり、実はこのメリットが結構大きいのです。

そこで、まずは国民保険（国民健康保険・国民年金保険）と社会保険（健康保険・厚生年金保険）との違いについて見てみましょう。

ほとんどの個人事業主の方は、基本的には国民健康保険、国民年金保険に加入しているかと思います。国民年金保険は、毎年一律で決められた「一定税額」を支払い、国民健康保険は、所得が増えれば保険料も増えるため、前年の所得により決まった保険料を支払うことになります。

所得税などは、国税庁のホームページにも記載があるとおり、所得の再分配機能となっているため、累進課税なのは納得できるのですが、国民健康保険税まで所得が増えると支払いが増えてしまうというのは、いまいち納得し難く思います。

とはいえ、現在は「一定税率」なので、個人事業主の所得が増えれば、国民健康保険税は高くなります。また、国民保険には、「扶養家族」という概念がないため、例えば夫婦２人暮らしの世帯で実際の収入が1人しかない場合にも2人分の国民保険料が発生します。

対する社会保険の場合ですが、健康保険と厚生年金保険の両方が「一定税率」になります。国民保険と異なる点は、厚生年金も「一定税率」となる点ですが、厚生年金は保険料が増えるほど将来受け取れる年金額も多くなります。

つまり、国民保険は、所得が増えても健康保険料が増えるだけで、「将来戻ってくる可能性のある年金は増えない」という点で、社会保険に比べて保障が十分ではないといえるでしょう。

そのため、現在個人事業主として加入している国民保険から、法人を設立し給与（役員報酬）を発生させて社会保険に切り替えれば、将来的に手元に残るお金を増やすことができるのです。

なお、「年金の受給額を増やすだけなら法人をつくって社会保険に入らなくても、国民年金基金で底上げすればよいのでは？」というご意見もありそうですが、国民年金基金により増える受給額は、そもそもご自身で掛けたものです。それに対し、厚生年金による受給額増は、役員報酬額を一番低く抑えていた場合の掛け金が国民年金とほぼ変わらないにもかかわらず、もらえる金額は国民年金よりも厚生年金のほうが多いという点がポイントとなります。

例えば、40歳未満の夫婦2人家族で、個人事業主の年間所得が400万円の方であった場合、年間の健康保険は36・6万円、国民年金が39・7万円で、合計76・3万円の保険料になりますが、法人の場合、役員報酬額を低く設定して社会保険に加入し、配偶者を扶養家族とすれば、健康保険が6・9万円、厚生年金は19・3万円と合計26・2万円の保険料になります。国民保険に比べて年

【図表５　国民保険料と社会保険料の比較】

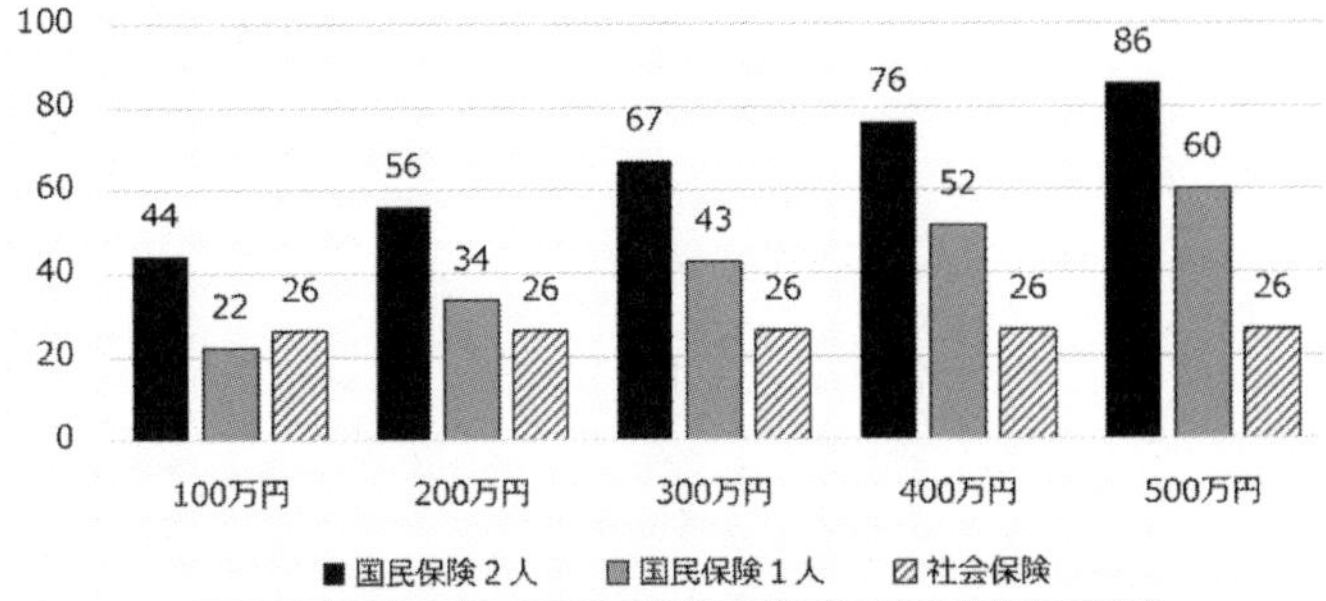

所得	国民保険 2人 (a)	国民保険 1人 (b)	社会保険 1人or 2人 (c)	差額 a-c	差額 b-c
100	44.3	22.2	26.2	18.0	-4.0
200	56.1	33.6	26.2	29.9	7.4
300	67.1	42.8	26.2	40.9	16.6
400	76.3	51.5	26.2	50.1	25.3
500	85.5	60.3	26.2	59.3	34.1

単位：万円

※ご年齢や年度、行政区域により税率など異なります。
　最新の税率を確認するには各行政の公表の情報を参考にしてください。
※青色申告の65万円控除を適用

50・1万円も割安になるのです（図表5参照）。

なお、社会保険は会社と給与所得者の折半で負担しますが、この26・2万円の保険料は会社の負担額を含めた金額になります。

しかも、驚くことに、厚生年金には国民年金が含まれているにもかかわらず、月額報酬が9・3万円未満の人の場合には、厚生年金の保険料のほうが低く設定されており（2020年度の月額保険料は国民年金1万6，540円、厚生年金の最低額は1万6，104円）、かつ、扶養家族分を含めても同額となるため、本来2人分の国民年金が3万3，080円のところ、厚生年金では2人分の保険料を含んだ金額でも1万6，104円になるのです。

年金の詳細については後述しますが、さらに驚きなのが、このように厚生年金のほうが掛け金は低いにもかかわらず、実際の受給額は国民年金よりも高くなる点です。

法人から役員報酬を支払うには

役員報酬を年間80万円以下に設定していると、社会保険料が最も安くなります。そのため、法人をつくって役員報酬を年間72万円（月額6万円）ほど支払うとよいのですが、現在の個人事業主としての所得をすべて法人に移してしまうと会社に利益が残り、法人税が発生してしまう場合も考えられます。

そこで、1つ目のおすすめの方法として、元々の400万円の所得のうち300万円は個人事業主の所得として残しておき、100万円だけを法人の売上にします。そうすると、役員報酬72万円を支払うことができ、さらに余った28万円を法人税の支払いや決算書作成手数料などの税理士費用として使えるようになります。

例えば、私が顧問契約をしている税理士の先生の場合、決算書作成手数料を含む年間顧問料が24万円なので、前記の例だと4万円ほどが黒字になりますが、何かしらで4万円の経費を使っていれば法人の利益に対する税金は課せられません。

ただし、法人に利益が出なくても、支払わなければいけない法人住民税が7・5万円ほどありますので、最低限必要な支出としては、決算書作成手数料と法人住民税を合わせて31・5万円ほどに

【図表６　赤字繰越しによる節税効果】

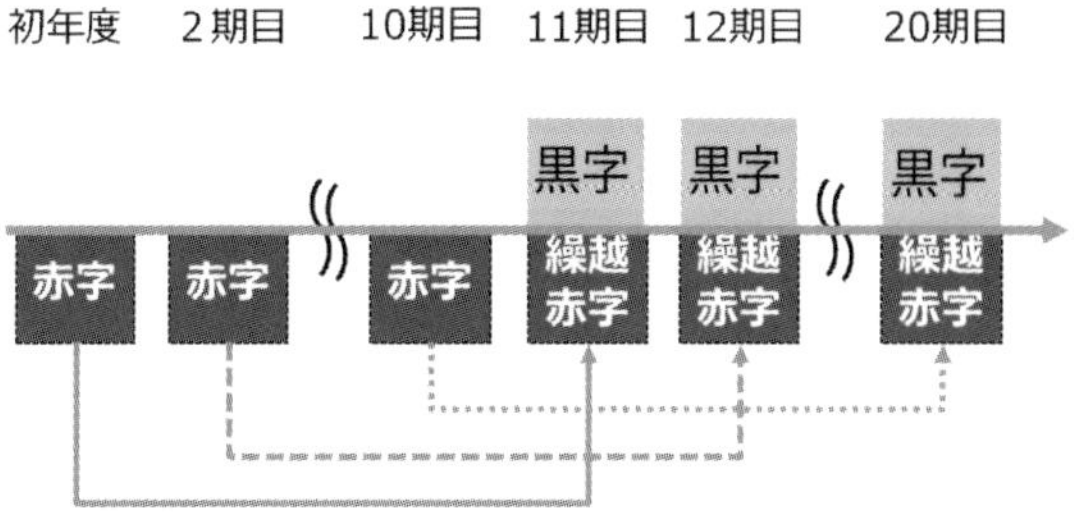

なります。

（注）　法人住民税額は、所在地により異なり、かつ経費にはなりません。

丸々太った赤字の貯金箱

２つ目のおすすめの方法は、法人では敢えて売上をつくらずに役員報酬や決算書作成手数料などの経費の支払いはしておき、その費用を丸ごと赤字貯金とすることです。そして、既存事業を法人成り（個人事業を法人の事業に移行）させるか、何か新しい事業を法人で始めて、利益が出たら10年の赤字繰越期間のうちに貯まった赤字と相殺していきます。これにより実際には利益が出ていても法人の税金を抑えることができます。

こう考えると、まずは赤字の貯金箱を丸々と太らせてみるのもよいかもしれません。極端な例ですが、初年度から10期目まで毎年24万円の赤字をつくり、11期目から20期目まで毎年24万円の利益を出せば、利益と過去の赤字が相殺され続けるため、20年間は所得に対する課税はなくなるのです（図表６参照）。

行為計算の否認に注意

先ほど1つ目のおすすめの方法として、400万円の所得を分解するというお話をしましたが、分解するためには注意点もあります。プライベートカンパニー（個人会社または同族会社）の場合、所得税法において「行為計算の否認」規定が適用されます。「行為計算の否認」とは、専門用語でわかりづらいと思いますので、簡単に説明し直しますと、「売上を都合よく個人と法人で付け替えることを禁止する」といった制約になります。

これにより、2つの異なる事業を運営している個人事業主がその事業の1つを法人成りさせて売上を法人に紐づけることについては問題ありませんが、そもそも1つの事業しか行っていない個人事業主がその売上を「都合よく」法人と個人に分配することは「行為計算の否認」に該当するためできません。

それでは、1つの事業しか行っていない個人事業主が法人をつくることは現実的ではないのかというと、そういうわけではありません。例えば、美容室経営をされている個人事業主の方が、多店舗展開をするために店長や従業員を雇って2店舗目用の法人を立ち上げることは可能です。「行為計算の否認」に該当する行為や計算というのは、「法人税の負担を不当に減少させる結果になると認められる」ことなので、法人側の利益を不当に個人事業主のほうに付けるということがないように、きちんと個人事業主側、法人側を別会計にしておけば問題ありません。

また、最近では新規事業が始めやすくなってきていますので、簡単に新たな事業を立ち上げて売上をつくる方法を後の章でご紹介したいと思います。

2　消費増税がチャンスに変わる

タックスフリー（消費税非課税）で買物ができる

１９８９年から始まった消費税ですが、当初３％だったものが１９９７年に５％になり、２０１４年に８％、昨年２０１９年には10％（１部８％据置き）にまで引き上げられてきました。

消費税は「間接税」であり、所得税などの「直接税」とは税の役割・機能が異なります。「直接税」には、収入に応じて税率が変わり、所得の多い人が多く税金を支払うという垂直的公平な機能があり、貧富の格差を縮める役割があります。対する「間接税」は、収入にかかわらず均一に徴収されるため、低所得層であるほど生活必需品などに含まれる消費税の所得割合いが高くなってしまい、所得の高い人・低い人の間で不公平感のある税金となってしまいます。

個人事業主の方であれば、ある程度は税金をコントロールできるかもしれませんが、最低限支払いが発生する国民年金の他、利益が少しでも出ていれば所得税などが課税されます。そして、税引後のお金で買物をするわけですが、そこにはさらに10％の消費税がかかります。これを割り戻して考えてみると、所得が４００万円の人が１００円（税抜）の商品を購入するために必要な所得は、実は約１３９円にもなるのです（図表7参照）。

【図表7　100円の支出に必要な所得】

所得 (万円)	年金や所得税などの 所得に占める割合(%)	消費税 (%)	100円の支出に 必要な所得
100	22%	10%	138
200	21%	10%	137
300	22%	10%	138
400	22%	10%	139
500	23%	10%	141

単位：万円

※ご年齢や年度、行政区域により税率など異なります。
最新の税率を確認するには各行政の公表の情報を参考にしてください。

※青色申告の65万円控除を適用

※国民年金は一定額であるため、所得が低い場合に占める税率は高くなる

また、2014年の消費増税の際に、政府広報では「消費税率の引上分は、全額、社会保障の充実と安定化に使われます」というポスターを貼っていたにもかかわらず、実際には消費増税分の2割の税金しか社会保障関連には使われていません（参考：財務社会学者　慶應義塾大学経済学部教授　井出英策氏）。

納税は国民の義務ではありますが、果して徴収された税金は適切に使われているのでしょうか。消費増税のニュースが流れる度にそんなことを考えていたら、ふとしたときにタックスフリー（消費税非課税）で買物ができる方法に気づいてしまいました。

先にも述べましたとおり、消費税は、一般消費者であればモノやサービスを購入した際に誰もが必ず支払わなければいけないものです。

では、あなたが支払った消費税がどのように国に納税されているかをご存知でしょうか。

消費税は、個人事業主や法人など「売上により消費税

【図表８　納税期間の判定】

◆当期の納税義務の判定方法
基準期間：２期前の１年間
特定期間：１期前の前期６か月間
いずれかの課税売上が 1,000 万円を超える場合、「当期」が課税事業者となる。

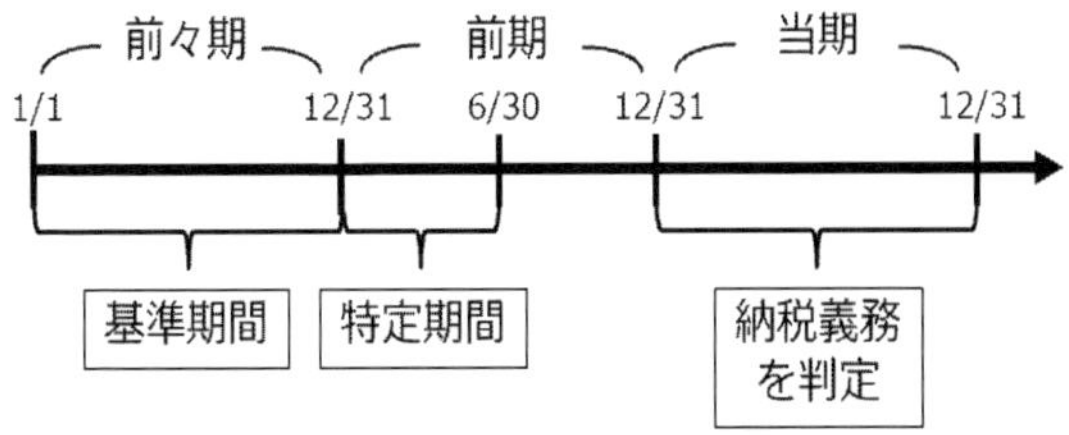

を預かっている事業者」が、「預かった消費税」から経費などで「支払った消費税」を差し引いて確定申告により納税しています。その際に、納税義務がある事業者を「課税事業者」、納税義務を免除されている事業者を「免税事業者」と呼ぶのですが、その分かれ道は「基準期間（2期前の1年間）」もしくは「特定期間（1期前の前期6か月間）」の消費税の課税売上が1，000万円を超えるかどうかによります（図表８参照）（土地や有価証券の譲渡、預貯金の利息などの特定の売上は消費税の非課税売上に分類されます）。

ここでポイントになるのが、「課税事業者」になった場合、〝当期〟の仕入や経費で支払った消費税のほうが課税売上で預かった消費税よりも多い場合に、預かった消費税を差し引いた額を「還付」してもらえる点です。

例えば、当期の課税売上高が年間に１１０万円（消費税率10％）あったとすると、その額に含まれる預かった消費税は10万円になります。そして同じ期に法人経費などで３３０万円（消費税率10％）の支出をしていたとすると、支払った消費税

【図表９　消費税が還付される仕組み】

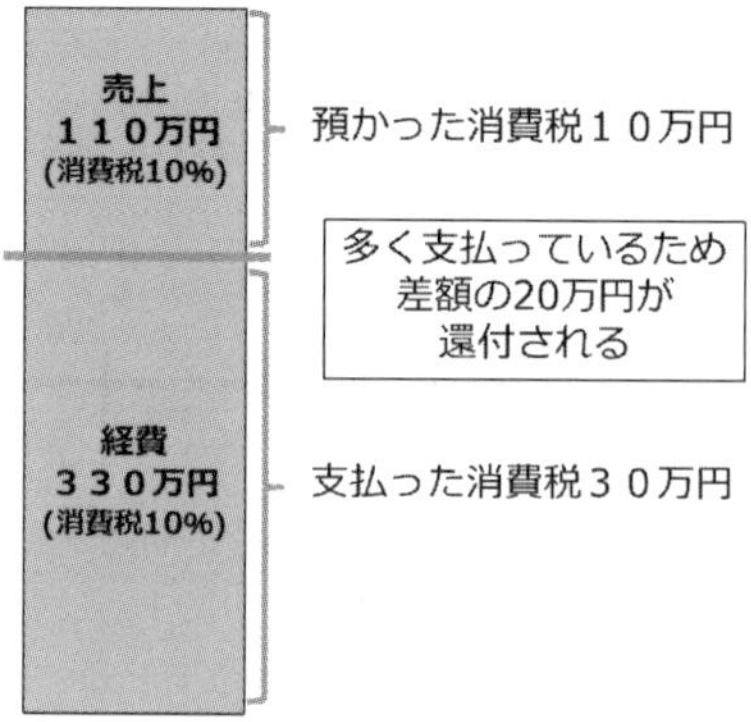

が30万円になるので、差額の20万円の還付を受けることができるのです。つまり、実質２００万円の経費はタックスフリーで支払いができたということです（図表9参照）。

消費税課税事業者になるメリット・デメリット

消費税還付を受けるには、前述の「課税売上高が1，０００万円超え」が前提条件になりますが、事前に「消費税課税事業者選択届出書」を税務署に申請しておくことで、「課税売上高が1，０００万円以下」の場合にも課税事業者となり、消費税還付を受けることができるようになります。

その場合、課税事業者になりたい期の前年度末までにこの「消費税課税事業者選択届出書」を提出する必要があります。なお、法人を設立した初年度に関しては、1期目の決算期内に届出書を提出すれば同年度から課税事業者になることができます。

ちなみに、前述の例とは真逆で、「売上により預かった消費税が30万円・仕入や経費で支払った消費税が10万円」の場合には、免税事業者であれば差額の20万円を納税する義務はないのですが、課税事業者になっていると20万円を納税する義務が発生します。課税売上高が1，０００万円を超えない事業者は、預かりと支払いのどちらの消費税が多いのかをよく考慮してから課税事業者になるかどうかを決めることが重要です。

さらにいうと、課税売上が1，000万円を超える事業者ではないのに「選択」して課税事業者となる場合には、課税事業者になった期を含む3期間は「免税事業者」には戻れないので、3期分の消費税の支払い・預かりそれぞれの大体の額を予測してから課税事業者になるかどうかを決めてください。

創業時の設備投資や必要経費などにより消費税の支払いが多く、しかも課税売上があまり見込めない法人設立1期目などは、「消費税還付で現金が戻ってきてラッキー！」と思っても、2期目、3期目の課税売上が多くなり、逆に仕入や経費で支払う消費税が少なくなってしまうと、今度は納税義務が発生してしまうため、折角1期目に還付された現金以上の消費税を納税しなければいけなくなる可能性があり、これでは本末転倒となってしまうからです。

消費税課税事業者による「消費税還付」のメリット、そして「消費税納付」というデメリットのどちらが大きくなるか、よく比較検討してみてください。

また、消費税還付などのために「消費税課税事業者選択届出書」を提出して自ら課税事業者になったものの、課税事業者になった期から数えて4期目に免税事業者に戻りたい場合には、3期目中に「消費税課税事業者選択不適用届出書」を提出する必要があります。この届出書を提出し忘れると、基準期間・特定期間の課税売上が1，000万円以下であっても4期目も課税事業者となってしまうのでご注意ください。

もう1つの注意点は、課税事業者となった課税期間の初日から2年以内に消費税額を除いた金額が100万円以上の建物およびその付属設備、構築物、機械および装置、車両および運搬具、工具、器具および備品などの「調整対象固定資産」を購入して消費税の確定申告をした場合、その資産を購入した期から3年間は免税事業者に戻れなくなる点です。

規模を拡大していくためにも固定資産の購入が必要なこともあるかと思いますが、選択して課税事業者になっている場合には、その購入時期には十分気をつけてください。

赤字になる事業年度に課税事業者で還付を受ける

繰返しとなりますが、経費よりも課税売上高のほうが高い年に関しては、預かった消費税のほうが多いことになりますので、差額分の納税義務が発生してしまいます。そのため、「タックスフリーで買物ができる」のは、ビジネスを立ち上げたばかりで黒字にはなっていない場合、または赤字になることが見込まれている年などに限定されてしまいます。

ただし、前述のとおり消費増税を受けて、常日頃の100円の支払いに必要な所得は異常に高いので、うまく本手法を取り入れて、初年度以降の2期目、3期目も売上と経費のバランスを取って消費税還付を受ける、もしくは納税額が還付額を上回らないようにするなどの対応をしてみるのもよいかもしれません。

極端な話では、経費のほうが多い赤字貯金用の会社を持ち続けていると、ずっとタックスフリーで買物ができるということになります。

個人事業主の経費を見直す

ここまでの話ですと、個人事業主ですでに1，０００万円を超える課税売上高がある方については、「すでに消費税の課税事業者になっているし、新設法人に経費をつけたとしてもその分個人事業主の経費が減るだけで、実質的に納税額は同じじゃないか」と思われたかもしれません。

確かに、すべての経費が前述した「売上に紐づく経費」として適切に計上できているのであればそのとおりなので、この話自体も目新しいものではないかもしれません。ですが、もし「売上に紐づく」と税務署に認められない経費がある場合には、今後は個人事業側で経費とするのではなく、その分を法人側で計上するとトラブルを免れます。

極端な例ですが、例えば、「不動産賃貸業」と「物販ビジネス」を法人の事業目的として入れている場合には、「消耗品以外」についてはほぼすべて経費として計上することができるようになります。

物販ビジネスで物品の仕入などを行っている人であれば、映画のＤＶＤやゲーム機などを仕入れる必要がありますし、転売できずに売れ残る可能性もあります。

不動産賃貸業であれば、収益物件を購入するために、視察で出張旅行をする必要も出てきます。最近では、アメリカ不動産投資などといった海外不動産のジャンルも増えてきたので、ハワイに視察で行くこともあるかもしれません。実際、私は海外に行くといつも目新しいものを探してしまいます。いつもとは違う環境で、日本にはないサービスを目の当たりにしたり、経験したりすることで、新たなビジネスを思いつく場合もあります。

このように「結果的に売上には直接紐づかなかった経費」でも、法人の場合には経費にすることができるので、個人事業主として経費にできなかった部分まで法人側で経費とできるようになれば、自ずと経費が増えて消費税還付も可能かもしれません。

3　手元のお金を増やすグランドデザイン

ロジックツリーを使って手元のお金を増やしてみよう

「手元のお金を増やすこと」が経営にとって非常に大切ということは、どなたにも賛同していただけることと思いますが、すでに個人事業主として経営をされていらっしゃる方ですと、「売上が伸びるよう最大限努力しているし、支出を減らして手元にお金が残るように日々頑張っている。これ以上できることはない」と思われたかもしれません。

しかし、実は個人事業主の場合、手元のお金を増やす方法として、「売上を増やす」でも、「支出を減らす」でもないもう1つの別の方法があるのです。まずは1度、図表10のロジックツリーの中で、一番下の箱に入る言葉を考えてみてください。

これまでの話をお読みいただいた皆様には、すでに答えはおわかりかと思いますが、答えは「法人を活用する」です。

改めて整理をすると、この「法人を活用する」は、さらに「社会保険に切り替える」、「10年間の

【図表 10　手元のお金を増やすロジックツリー】

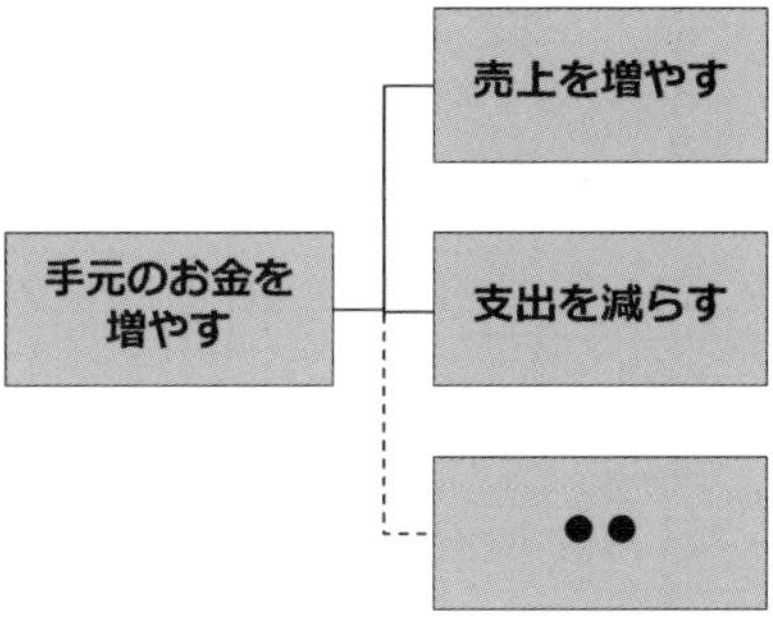

【図表 11　法人を活用する】

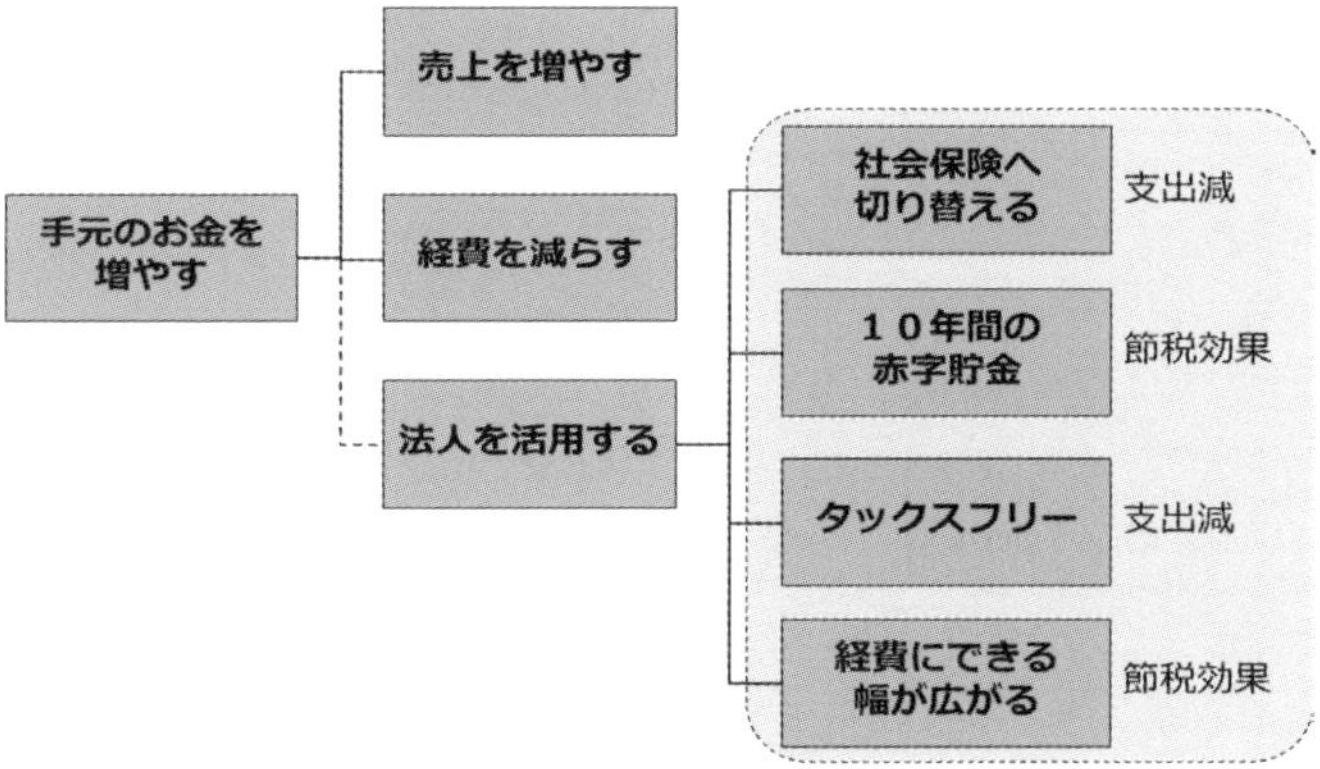

赤字貯金」、「タックスフリー」、「経費にできる幅が広がる」の4つに分解されます。

従来どおりの「売上を増やす」と「支出を減らす」といった努力を継続していくのはもちろんのことですが、それと併せて今後は、図表11のような「法人を活用する」も取り入れていくことで、手元に残るお金を効率的に増やしていくようにしてみてはいかがでしょうか。

4　年金の正しい理解

将来の年金は本当に受給できるのだろうか

先ほどの図表5の「国民保険料と社会保険料の比較」を見て、独身または扶養家族がいない方が事業をされている場合、決算書作成手数料や法人住民税などで最低でも31・5万円くらいかかることを考えると、個人事業主としての所得が400万円では、法人を活用するメリットがないと思われたかもしれません。

しかし、年金についてさらに詳しくなると、仮に所得がゼロ円であったとしても、仕組みをうまく活用すれば、社会保険に加入するほうのメリットが高いとご理解いただけるかと思います。

ただ、細かなメリットのご説明をする前に、「将来の年金は本当に受給できるのだろうか」といった疑問や年金の賢い受給方法についてのお話をしたいと思います。

まず、そもそもよく耳にする「年金破綻」についてですが、その要因は、将来における年金給付費と保険料収入のバランスが悪化することにあると考えられていました。つまり、必要な年金給付費（支出）は増大するのに、それを賄う財源である年金保険料（収入）が減ってしまうために、年金制度が成り立たなくなってしまうということです。

しかし、その対策として2004年に「マクロ経済スライド」が導入されたことによって、年金

【図表12　年金破綻の要因と解決策】

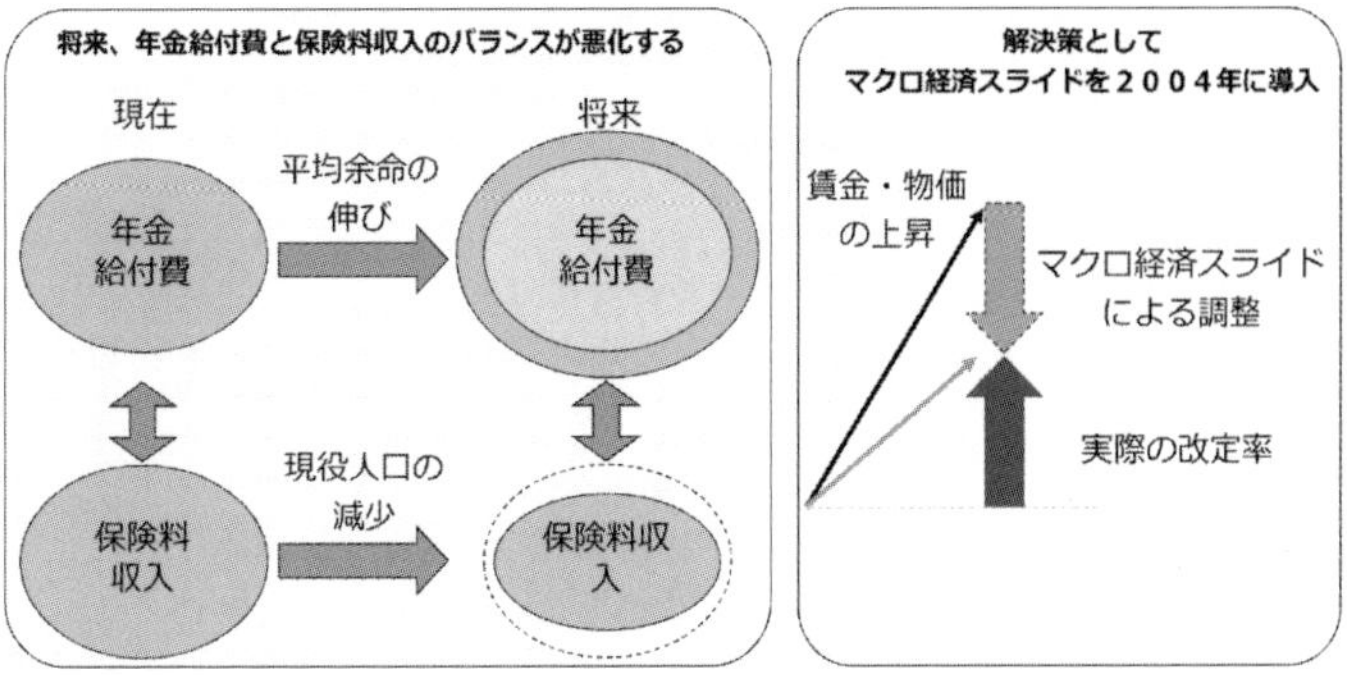

破綻自体はなくなったといわれています（図表12参照）。

この「マクロ経済スライド」とは、そのときの社会情勢（保険料を支払う現役人口の減少や平均寿命の延び）に合わせて、年金の給付水準を自動的に調整する仕組みを指します。これは、物価が上昇したときに一定期間は年金給付額を上げない（物価の上昇ほどは増やさない）ことで、その間に抑えることのできた財政支出を将来の給付額として蓄えておこうとする仕組みです。

要は、年金受給者は少しの期間は節約をして過ごしてくださいという内容です。年金受給額は減りますが、今後の人口バランスを考えると、将来起こり得る年金破綻よりは少しはよいシナリオに切り替わったといえるでしょう。

年金はいくらもらえるのか

それでは、実際のところ年金はおおよそいくらくらいもらえるのかについてですが、例えば現時点（２０２０年1月）のシミュレーションでいくと、個人事業主が年金を40年間納めた場合の年金受給額は、国民年金だけに加入していた場合には年間78万円となります。

それに対して、仮に法人から役員報酬を年間72万円支払うことで社会保険に加入していた場合には、年間の年金受給額は101万円となり、国民年金の場合よりも23万円も多くなるのです。

さらにいうと、実際の年間の掛金は国民年金が19・8万円で厚生年金が19・3万円と厚生年金のほうが5，000円ほど安いにもかかわらず、受給額を見ると23万円多いということになります。法人を活用することで受給額を増やすことが可能になった上、保険料は下がるのです。

それでも、老齢夫婦の最低限の年間支出額は264万円（参考：公益財団法人 生命保険文化センター）といわれているので、夫婦2人とも社会保険に加入していた場合の受給額202万円では将来少し不安が残るかと思います。

それでは、年金受給額を増やすためには何ができるのでしょうか。

1つの方法は、支払う役員報酬を上げることですが、この場合は役員報酬の支払時に発生する社会保険料も増えてしまうため、一概に得策であるとはいえません。

一例として、現役時40年間の平均年収が240万円の人と72万円の人を比較してみましょう。

将来的にもらえる年金受給額は、年収240万円の人が年間131万円、年収72万円の人が101万円となり、比べると年収240万円の人のほうが30万円ほど増えていますが、支払うべき社会保険料の掛金総額も1，784万円ほど多くなります。年間の受給額を30万円増やすために支払総額が1，784万円も増えるのであれば、65歳から受給を開始したとしても、多く支払った掛

【図表 13　社会保険料総額比較】

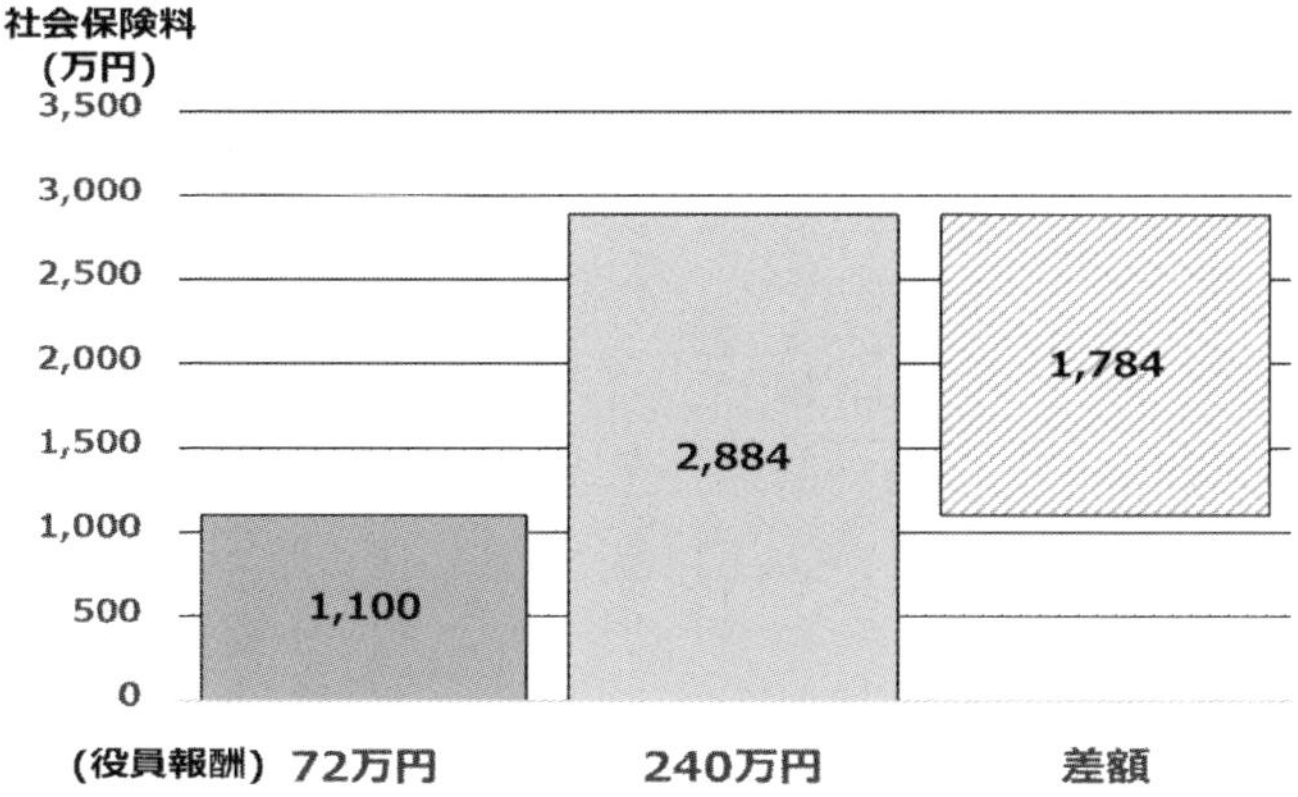

金を回収するまではおおよそ60年かかる試算になります（図表13参照）。

近年では「人生１００年時代」といわれるようになり、平均寿命は延びてきてはいますが、さすがに１２５歳以上まで生きるのはなかなか難しいかもしれません。そう考えると、新たに法人を設立して社会保険に加入する場合には、最低限の役員報酬72万円とするほうが得策のようです。

それでは、社会保険の掛金を増やす以外に安心した老後を迎えるための年金受給額を増やす手立てはないのでしょうか。

もちろんあります。それをこれからご紹介します。

5　年金の種類

元本確保で１００％再現できる利回り15％以上の投資

個人型確定拠出年金（イデコ＝iDeCo）といった言葉を耳にしたことがあるかと思いますが、どのようなものなのか、またメリットなどもわかりづらいですよね。簡潔に一言でメリットを申し上げますと、イデコは「元本確保で100％再現できる利回り15％以上の投資」です。

「このご時世にそんなうまい話があるのか？」と思われるかもしれませんが、そのからくりはイデコの掛金を「課税所得」から差し引くことができる点にあります。課税所得にかかる税率は、最低税率であったとしても15％（所得税5％、住民税10％）になるため、仮に10万円の掛金を支払ったとすると、課税所得から10万円が控除され、本来10万円の課税所得にかかるべき1・5万円の税金を支払う必要がなくなるのです。

また、イデコは運用先を自分で選択するのですが、「銀行定期預金」を選択すると元本確保になります。そのため、「元本確保で100％再現できる利回り15％以上の投資」といえるのです。

今の世の中でこれだけの高利回りで、しかも元本確保の投資などは見かけたことがないので、資産運用や投資という観点で見てみるととてもよいものだと思います。

ただし、個人事業主としてイデコに加入した後で法人を設立して役員報酬を受け取る場合には、自営業（第1号被保険者）から会社役員・会社員（第2号被保険者）への変更手続が必要となります。また、もし法人として企業型確定拠出年金に加入する場合には、その手続も必要となり、手間も増えますので、どのタイミングで加入するかはよく考えてみてください。

なお、個人事業主が入るイデコ（「個人型」確定拠出年金）の場合だと、年間81・6万円（月額6・8万円）を上限に掛けることができますが、法人設立後に会社員（第2号被保険者）としてイデコ

【図表 14　掛金の比較】

確定拠出年金	個人事業主 (第１号被保険者)	会社役員・会社員 (第２号被保険者)
掛金(年間)	８１．６万円	２７．６万円

を続ける場合には、掛金が年間27・6万円（月額2・3万円）と少額になってしまうのがマイナス点ではあります（図表14参照）。

また、法人として「企業型確定拠出年金制度」に加入する場合には、掛金の費用負担は基本的に会社側となり、個人の確定申告の際に所得から控除できなくなりますのでご注意ください。

その他にも、「個人型」「企業型」どちらの確定拠出年金にも次の２つの注意点があります。

●原則として60歳までは積立を引き出して受け取ることができない

●受け取るためには特定の期間以上の積立が必要

この特定期間のことを「通算加入者等期間」と呼び、例えば60歳から受け取る場合に必要な期間は、個人型・企業型確定拠出年金の通算で10年間以上となります。

とはいえ、65歳からの受取りであれば、１か月以上の加入期間でよいので、受取りができなくなることはありません。その点は安心できるのではないかと思います（図表15参照）。

イデコは、個人事業主として加入しても、法人設立後会社員として加入しても、ある程度自由に掛金を変更できる仕組みになっているので、その時々の資産状況

【図表15　通算加入者等期間による受取可能時期】

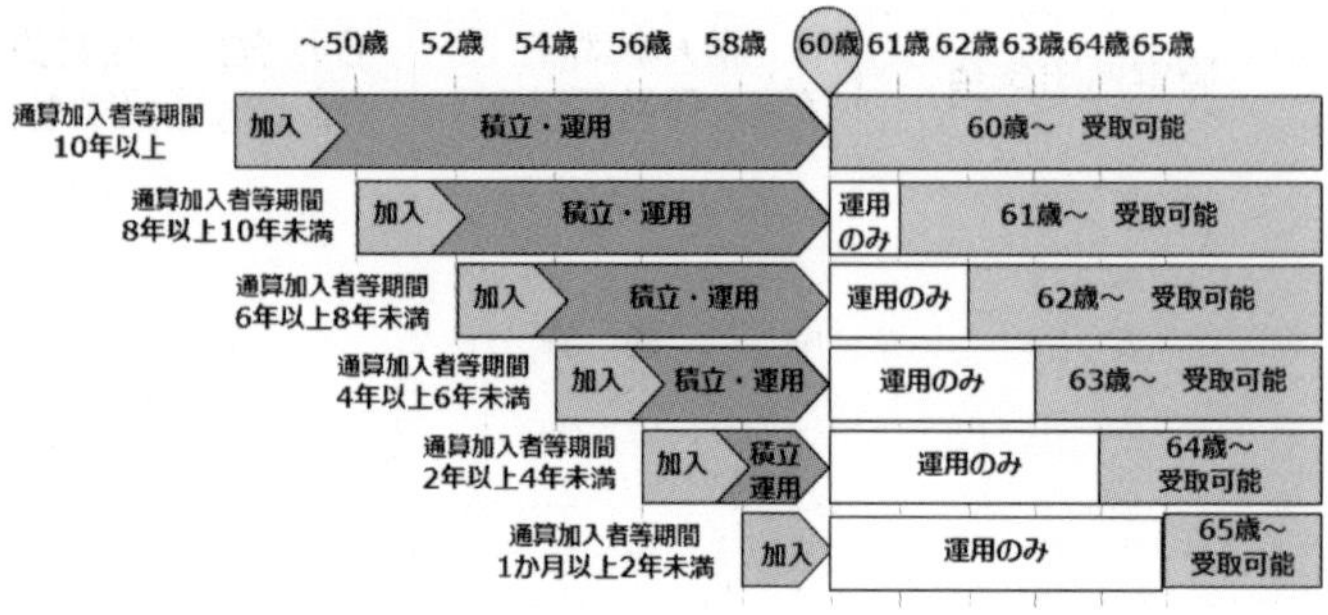

に合わせて上手に掛け金を調整して、老後の生活をより豊かにするための準備を始めましょう。

掛金は上手に受け取ろう

イデコの受取方法には、次の3種類があります。

① 一時金として一括

受取可能となった年齢以降、70歳までの一時点で全額をまとめて受け取ることができます。

その場合、「退職所得扱い」となり、「退職所得控除」が受けられ、控除の範囲内であれば非課税となります。

ただし、同時期に別途退職金を受け取る予定がある場合には、控除額を上回ってしまうと課税されてしまいます。

② 年金として分割

5年から20年の間で「年金」として分割で受け取ることができます。

この場合は「雑所得扱い」となり、「公的年金等控除」が受けられます。

こちらも、控除の範囲内であれば非課税となりますが、会社勤めが長く、厚生年金の支払いが多かった方などは、同時期に受け取ると控除額を上回ってしまい課税される可能性があります。

③　一時金と年金の併用

イデコの運用機関によっては、一時金と年金を併用できる場合もあります。

受取方法により益金としての扱いが異なり、控除額も変わってくるため、ご自身の年金の受給額や退職金の受取額を考慮して、どのタイミングでどの方法で受け取ると一番課税されなくてすむかを見極めてください。

小規模企業共済

確定拠出年金の他にも「小規模企業共済」という個人事業主または会社の役員が加入することができる私的年金保険があります。

小規模企業共済も、「元本確保で１００％再現できる利回り15％以上の投資」と、イデコと同様に優れているので、ここでは小規模企業共済について細かくお話したいと思います。

小規模企業共済は、法人でも個人でも加入することはできますが、契約自体は一本化されるため、いずれか1つの加入しかできません。また、小規模企業共済は、法人と個人のどちらの契約であったとしても、その掛金は「個人の所得」から控除されます。

確定拠出年金との大きな違いは、積み立てた全額を解約手当金として受け取るためには20年以上

【図表16　所得の増減に合わせてイデコの掛金で調整】

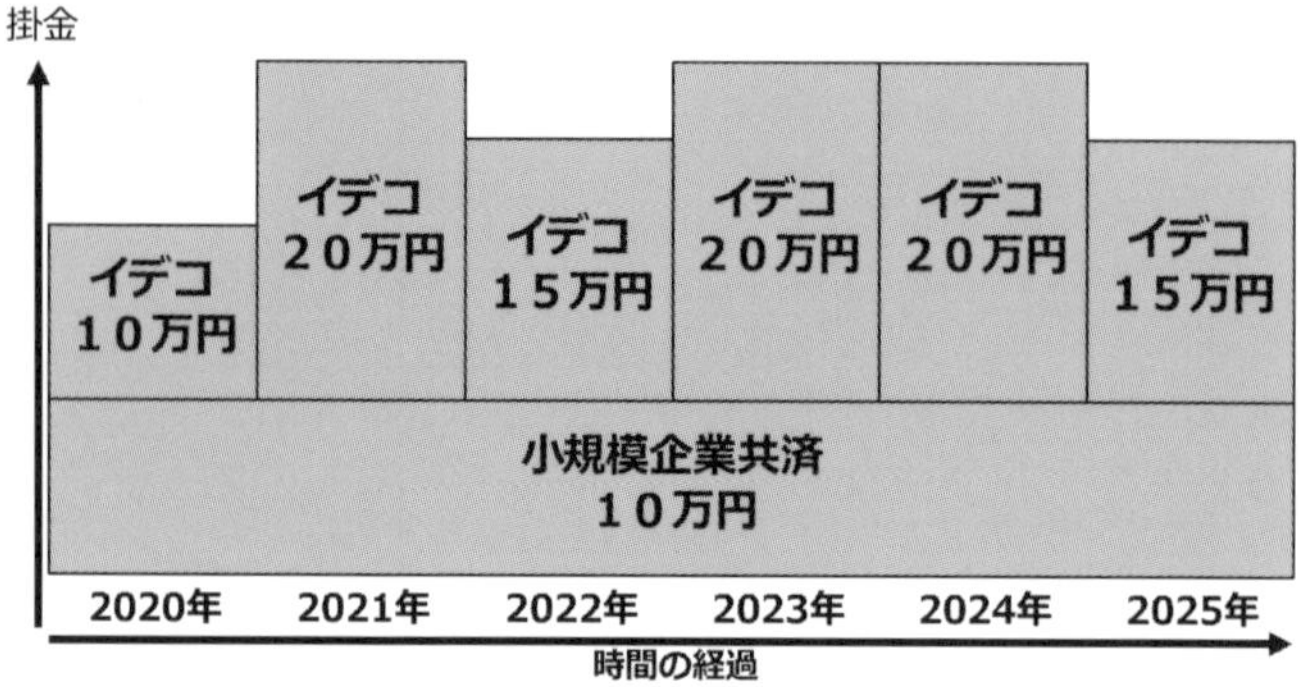

の加入がないと元本割れしてしまう可能性があるという点です。

また、掛金の金額変更は可能ですが、変更をすると変更月から20年以上の加入がないと解約手当金が元本割れを起こしてしまうため、変更自体は望ましくありません。ただし、事業自体を廃業する場合には36か月の加入で満額払戻しされます。

小規模企業共済は、年間84万円を上限に、月額1，０００円から５００円単位で掛けることができますが、20年間も支払い続ける必要があることを考えると、小規模企業共済掛け金を少額にして私的年金全体のベースとし、毎年の所得の増減に合わせてイデコで調整をするのがよいのではないでしょうか（図表16、17参照）。

なお、小規模企業共済への掛金の受取方法、益金の取扱いについては、個人事業主、法人などの共済契約者の立場や請求事由により異なってきます。

任意解約の場合は、「65歳未満」のときは「一時所得扱い」

【図表17　小規模企業共済と確定拠出年金】

	小規模企業共済	個人型・企業型確定供出年金
掛金の範囲	月額1000円から7万円 500円単位で調整可能	個人型：月額5000円から6万8000円 企業型：月額5000円から2万3000円 1000円単位で調整可能
掛金の加減	可能 ※減額の場合は一定の要件が必要 ※変更後20年を経過しないと元本割れする可能性がある	年１回変更可能
受取条件	退職または廃業等をした時	原則60歳に達した時
受取形式	一定の条件により一時払いまたは分割払い、あるいはそれらの併用	一定の条件により一時払いまたは分割払い、あるいはそれらの併用
資産の運用	自身で運用をしない	自身で運用商品を選択する
予定利率	1.0%	運用方法により異なる
資金貸付制度	収めた掛金に応じて資金の借入ができる	なし
手数料	なし	加入時及び運営期間中に発生
途中解約の可否	可能	不可能

となり、65歳以上のときは「退職所得扱い」となりますので、こちらも受取方法、時期をうまく活用していきましょう。

公的年金と私的年金の違い

ここまで確定拠出年金や小規模企業共済といった私的年金の話をしてきましたが、公的年金と私的年金の違いについて整理してみましょう。

「公的年金」とは、ご周知のとおり国民年金や厚生年金のことで、「保険」としての社会的役割になっており、「長生きしすぎてしまうリスク」に対して社会が共助するための保険になります。

「長生きしすぎてしまうリスク」って何だと思われたかもしれませんが、人は生きているだけで生活費がかかります。高齢で働くことはできないけれども生活費がかかれば、よっぽどのお金持ちでない限り、長生きすればするほど貧困に陥ってしまうリスクが高まります。そのため、公的年金の受給は終身で受けることができるのです。

また、公的年金は、受給開始時期を選べます。基本的には65歳から受給が可能ですが、70歳からの繰下受給にすることで、受給額が42％増額されるという特徴があります。

ただし、月々の年金受給額が42％増えても、81歳までに亡くなることを想定される場合には、65歳から受け取るほうが総受給額は多くなりますので、手放しで喜べるものでもありません。

厚生労働省の調べによると、２０１８年の日本人の平均寿命は男性が約81歳、女性が約87歳と、いずれも過去最高を更新したそうです。今後も医療の進歩による病気の死亡率低下の見込みや、健康志向により寿命が延びる可能性があるため、平均寿命についてはさらに延びていく可能性が高いです。

後ほど改めて詳しくお話しますが、82歳以上生きていくのであれば、年金受給の開始時期は70歳に繰り下げるほうがよいといえます。ただ、個人個人の寿命は誰にもわからないことなので、実際にはご自身の健康状態をよく考えて決めるようにしてください。

なお、「年金の繰下受給の上限年齢を75歳に引き上げる」改正案が出ていますが、繰下受給をすべきかどうかは、本章を参考にしていただければ幸いです。

代わって「私的年金」ですが、こちらは、先ほどお話した確定拠出年金や小規模企業共済、年金基金や企業年金のことで、「積立貯蓄」という位置づけになります。「公的年金」との違いは、自分で積み立てた年金を終身ではなく一括・5年・10年・15年・20年などの有期で受給することになる

【図表18　公的年金は「共助保険」で私的年金は「積立貯蓄」】

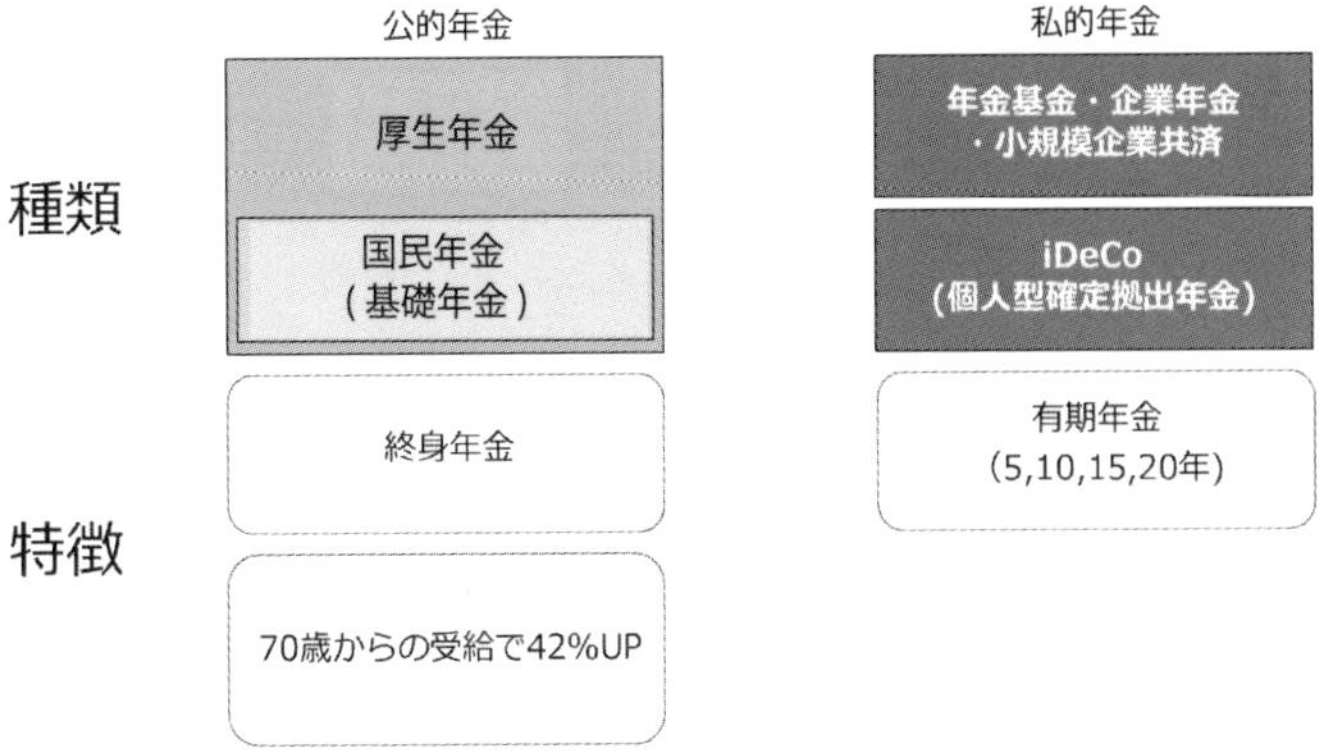

点です（図表18参照）。

人生１００年時代の賢い年金の受給方法とは

これらの年金の特徴から、人生１００年時代にはどのように年金を受給するとよいのかを考えてみました。

先ほどと同様、個人事業主の方が法人を設立して役員報酬72万円を受け取っているという例を使ってみます。

夫婦2人（ともに65歳）のうち1人が扶養家族であると仮定すると、65歳から受給を開始する場合には、役員報酬を受け取っている1人の厚生年金の受給額が１０１万円、扶養に入っている家族がもらう国民年金の受給額が78万円なので、合わせて年間１７９万円になります。

老齢夫婦の最低限の支出は、年間２６４万円だという発表があるので、これでは85万円も不足してしまいます。月々にして7万円ほどの不足となると、額も大きいため、どのように補填すればよいかわからず、お手上げになってしまいます。

そこで、受給開始時期を70歳まで繰り下げることにすると、支給額は夫婦合わせて年間254万円になります。これでもまだ10万円は不足しますが、月々8，000円程度であれば何とかやりくりできる金額ではないかと思います。なお、所得税・住民税は非課税ですが、別途健康保険料が夫婦合わせて年に10万円弱かかります。

しかし、ここで一番問題になるのは、65歳から70歳までに繰り下げた5年間をどうやりくりするかです。5年間で必要な生活費は、1，320万円（264万円×5年間）になります。そこで、前述の「元本確保で100％再現できる利回り15％以上の投資」により15％の利回りを得ながら積立貯蓄したお金を5年の有期で切り崩していくのです。

なお、小規模企業共済を任意解約する場合は、20年以上掛け続けていないと元本割れしてしまうため、ここでは20年間掛けた前提で話を進めたいと思います。

20年間で1，320万円を貯蓄するには、年間に66万円を積み立てる必要があります。例えば、ベースとなる小規模企業共済の掛金を年間40万円にして、所得の多い年などはイデコもしくは企業型確定拠出年金の掛金を少し上げて合計66万円を年間平均で積み立てるようにしてください。節税を考慮すると、実質的には約10万円以上の節税になりますので、実際に手元から出ていくお金は年間56万円となります。

これを月額にすると4・7万円の貯蓄が必要となるわけですが、老齢になる前の元気なうちならば、扶養家族になっている1人がパートなどで得るにしてもさほど難しくない金額かと思われます。

【図表19　年金受給比較表①　厚生年金の場合】

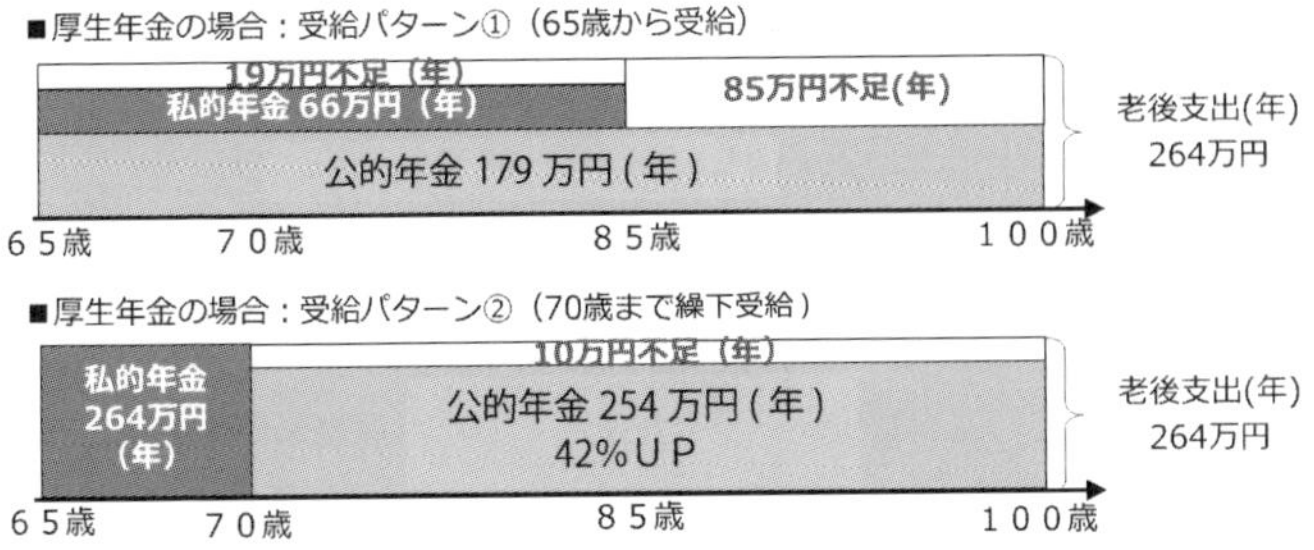

【図表20　年金受給比較表②　国民年金のみの場合】

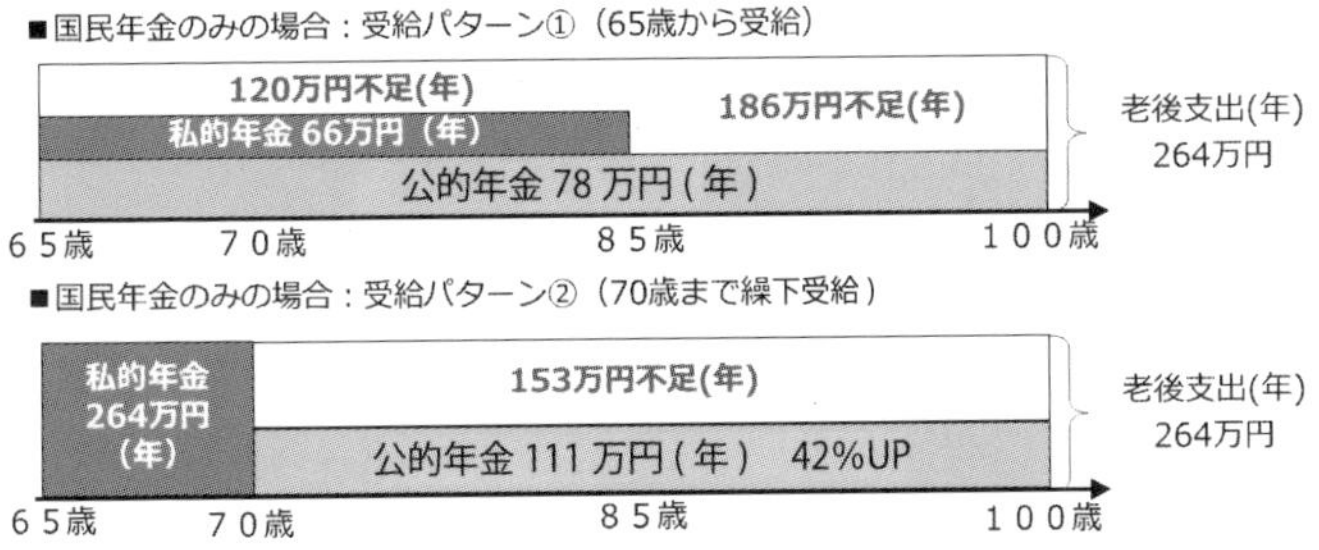

ちなみに、20年かけて総額1，320万円を積み立てた場合の節税総額は、税率が15％の計算ですと198万円となりますので、合わせると1，518万円の貯蓄効果を生んだことになります（図表19、20参照）。

総受給額比較

では、65歳から年金受給した場合と、70歳まで受給を繰り下げた場合の総受給額について見ていきたいと思います。

これまで70歳までの受給繰下げをおすすめしておりましたが、総受給額から見てみると、70歳まで受給を繰り下げた場合は81歳10か月までは

【図表21　総受給額比較】

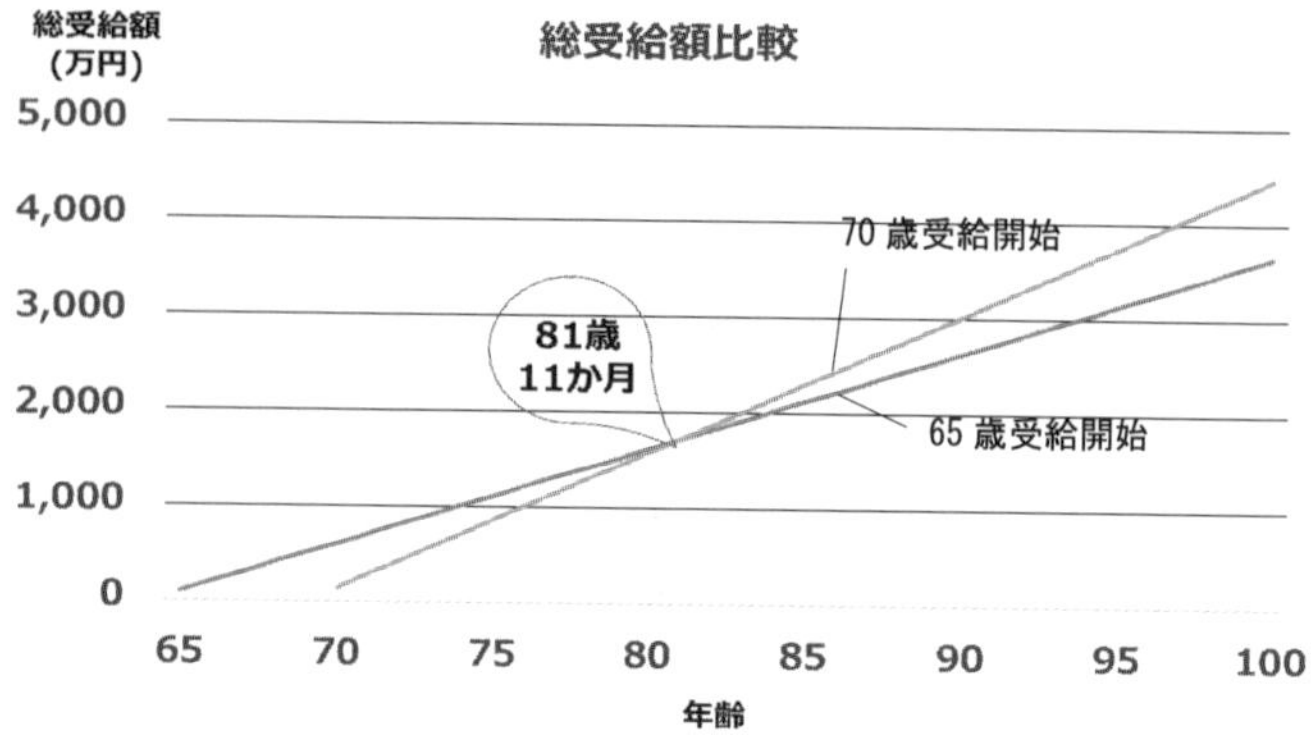

総受給額が低くなります。つまり、81歳11か月以上生きることが前提でないと損をしてしまうことになります（図表21参照）。

ただ、公的年金は「保険の役割」、私的年金は「積立貯蓄の役割」である旨をご説明したとおり、公的年金は「長生きしすぎてしまうリスク」に対する保険として入るため、本来は総受給額の差を見て損得で決めるようなものではありません。誰しももらえるお金が多ければ多いほどよいと感じることでしょうが、公的年金の役割について理解をし、将来自分が困らないような受給を選択できるようにしてみてください。

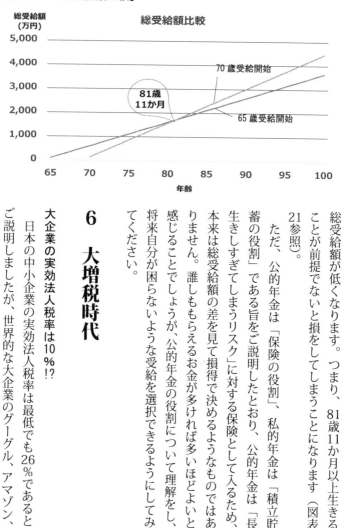

6　大増税時代

大企業の実効法人税率は10%!?

日本の中小企業の実効法人税率は最低でも26%であるとご説明しましたが、世界的な大企業のグーグル、アマゾン、フェイスブック、アップル（GAFA）の実効法人税率は10％を下回っていることをご存知でしょうか。これは、アメリカの実効法人税率が低いというわけではなく、各社が「効果的な節税」を行って、キャッシュが潤沢な事業運営をしているということによります。

例えば、ＩＴ企業の時価総額1位のアップルですが、ダブル・アイリッシュ・ダッチ・サンドイッチという手法を使うことで合法的な節税を行っています。２つのアイルランド子会社（海外事業を管理させる会社と知的財産権を保有する会社）とオランダ子会社（知的財産を借りて事業を行う会社）を介在させ、各国間の租税条約などによって課税免除などを受けられる仕組みをうまく使うことで税金の支払額を低くしています。

かくいう日本企業でも、ソフトバンクグループ、住友商事、東京電力ホールディングスなどの実効法人税率も10％台ですし、その他の大企業でも10％未満のところが14社ほどあります。

２０１９年は消費増税などが選挙で注目される争点になり、ニュースなどでもたくさん取り上げられていました。世間では、家計負担の影響から、専業主婦だった女性が夫の休日にアルバイトをするといったドキュメンタリーなどもありました。

納税自体は日本に住む者としての最低限の義務なので、アップルのように合法ではあるものの節税だけを目的とした海外法人活用までしようとは言いません。ただ、事業運営をしているということ自体が社会貢献でもありますので、規模が大きくなるまでの間は節税にしっかり取り組むのも経営者としての責務なのではないでしょうか。

こんなことを言っても、真面目な経営者の皆様は、日本政府の借金が将来的に子供たちの負債となってしまうことを憂いて、できるだけ税金を納めようと考えられているかもしれません。

確かに、近年「日本は1，100兆円の借金大国で、このままでは破綻する」と言われていますが、果して本当にそんなに危機的な状況なのでしょうか。

そもそも、2019年3月末時点の約1，100兆円の借金のうち、日本銀行（以後、日銀）からの借金が約半分ほどになります。日銀は、日本政府から55％の出資があるいわば「子会社」ですので、連結決算をしてみると日銀からの借金は負債ではなく資本に当たります。残りのうち約4割は国内金融機関からの借金なので、実に全体の約9割を日銀と国内金融機関から借りていることになります。他国からの借金が多く、返済できないかもしれないから破綻するというのはわかりますが、日本のように子会社または日本国内の金融機関からの借金により破綻することは可能なのでしょうか。

しかも、財務省のホームページには、年金積立金等121兆円、道路堤防等130兆円、外貨証券等221兆円、大学等の出資金58兆円の合計647兆円の資産を有していると書かれています。

例えば、個人事業主の方から「1，100万円の借金がある」とだけ聞いたら、その数字だけを考えると大変なことのように思われるかもしれません。しかし、その人の事業がとてもうまくいっていて、「純資産も1，100万円ある」となればどうでしょうか。1，100万円の借金なんてそもそもないようなもので、実はたいしたことはないと思えないでしょうか。

日本の「借金」もそれと同じです。そもそも借金とは、純資産とのバランスで見るべきものなのです。純資産と負債のバランスを考えれば、「１，１００兆円の借金」は実はそれほど危機的な数字ではないことをご理解いただけるかと思います。

日本の将来を考えて納税をしていくのも非常に重要なことと思いますが、自分の事業が軌道に乗って強くなるまでの間は、極力節税をして、自分や家族や周りの幸せに少しだけ注力しても罰はあたらないかもしれません。

7　自分の手の中に経済を（Create & Manage Your Own Economy）

個人事業主と法人をうまく活用しイイトコ取りの「効率経営」

少し脱線してしまったので話を元に戻しますが、これまで、個人事業主のメリットと法人のメリットの双方についてご説明してきました。

整理しますと、

- ●個人事業主は所得税率が低い
- ●法人は経費にできる範囲が広い
- ●法人は社会保険に加入し、家族を扶養家族にでき、給与額によっては厚生年金・健康保険料の支払額を抑えられ、かつ、将来の年金の受給額が多い

【図表22　個人事業主と法人のメリットの違い】

前提条件		個人事業主	法人活用	有利判定
税率		１９%(※)	２６% (実効法人税率)	個人事業主
経費		売上に紐づけが必要 (限定的)	事業目的の範囲内であれば OK	法人
保険 (年額) ※夫婦２人	社会保険	加入できない	加入できる	法人
	健康保険料	多い 36.6万円	少ない 6.9万円	
	年金種類	基礎年金のみ	基礎年金を含む厚生年金	
	年金保険料	多い 39.7万円	少ない 19.3万円	
	年金受給	少ない 156万円	多い 179万円	
消費税		コントロールしづらい	コントロールしやすい	法人

※　個人事業主の税率は年金保険料を除き、「健康保険税・所得税・住民税、個人事業税の合計」

夫婦２人世帯の場合（１人は所得ゼロ円）

所得 (万円)	国民健康 保険税	国民年金	所得税	住民税	個人事業税	合計金額	合計税率 (年金を除く)	合計税率
100	5	40	0	0	0	44	**5%**	44%
200	16	40	3	6	0	65	**12%**	32%
300	27	40	5	15	0	87	**16%**	29%
400	37	40	14	24	0	114	**19%**	29%
500	46	40	23	33	5	146	**21%**	29%

※ご年齢や年度、行政区域により税率など異なります。
最新の税率を確認するには各行政の公表の情報を参考にしてください。
※青色申告の65万円控除を適用
※国民年金は一定額であるため、所得が低い場合に占める税率は高くなる

●法人を活用するとタックスフリーの買物がしやすいなどのメリットを享受することができます。

これを所得４００万円の夫婦２人世帯で、うち１人の所得がゼロ円であった場合の「個人事業主」と「法人」の例で表にまとめると図表22のようになります。

次のステップ

それぞれのメリットについて数字を交えて確認いただけたかと思います。

図表22の所得に対する税率は、個人事業主が19%と法人に比べてすでに低い税率に見えますが、個

【図表23　健康保険料を固定して個人事業主の税率を下げる】

夫婦２人世帯で社会保険に加入している個人事業主の場合（１人は所得ゼロ円）：単位万円

所得	社会保険 健康保険	厚生年金	所得税	住民税	個人事業税	合計金額	合計税率 (年金を除く)	合計税率
100	7	19	0	0	0	26	**7%**	26%
200	7	19	4	9	0	40	**10%**	20%
300	7	19	9	19	0	55	**12%**	18%
400	7	19	19	29	3	77	**15%**	19%
500	7	19	35	39	8	108	**18%**	22%
600	7	19	55	49	13	143	**21%**	24%
700	7	19	75	59	18	178	**23%**	25%
800	7	19	95	69	23	213	**24%**	27%
900	7	19	117	79	28	251	**26%**	28%
920	7	19	122	81	29	259	**26%**	28%
1,000	7	19	140	89	33	289	**27%**	29%

※ご年齢や年度、行政区域により税率など異なります。
　最新の税率を確認するには各行政の公表の情報を参考にしてください。
※青色申告の65万円控除を適用
※健康保険、年金は一定額であるため、所得が低い場合に占める税率は高くなる

法人の実効法人税率

所得	法人の実効法人税率
400万円まで	26%
400万円超えから800万円まで	28%
800万円超え	34%

人事業を続けながら法人を設立し、最低限の役員報酬を支払って社会保険に加入することで、一定税率である健康保険料を所得額により増額されないように固定することができます。それにより、個人事業主で所得４００万円の人の税率をさらに図表23のように15％まで下げることができます。

所得税と住民税は個人事業主の所得が高くなれば納税額も増えますが、健康保険料は法人から支払う役員報酬を引き上げなければ納税額が増えることがありませんので、法人の売上規模は最低限に抑え、個人事業主の所得を増やしていくことが最も効率がよいといえます。

なお、個人事業主の所得は、９２０万円になって初めて法人の実効法人税率の26％を超えてきます。

まとめますと、個人事業主としてのみ事業をされている方は、まずは法人をつくり、最低限の役員報酬を法人から支払うことで社会保険に加入して健康保険料を固定します。そうすることで、個人事業主の所得にかかる税率を下

げることができ、920万円の所得までは従来の個人事業主や法人の税率よりも低くすることができ、結果税金の支払いを抑えることができます。

「個人事業主のみ」であったときよりも、「法人のみ」で事業を運営するよりも、それぞれをうまく活用して、イイトコ取りの「効率経営」をすることができるというわけです。

ただ、前述のとおり、全く同じ事業内容の売上を都合よく個人と法人に分けて計上することは、「行為計算の否認」で税務署から指摘されてしまいますので、複数の事業をお持ちでない場合は、新たな事業をつくる必要が出てきます。

「新たな事業を始める」というとハードルが高く感じるかもしれませんが、次章以降でご紹介する3つの事業などを参考にされるのもよいかもしれません。新たな事業といっても、そのうち2つについては、実はそれほど難しいものではありませんので、1つの選択肢として参考にしていただければ幸いです。

いずれにしても、まずは個人事業主の落とし穴を避け、自分の手の中に経済を掌握できるとよいのではないでしょうか。

起業の大変さ

話はまた少し脱線しますが、簡単に私の自己紹介をさせてください。

前著「不動産投資を事業経営に変える!!　資産形成術」（セルバ出版刊）を読んでくださった方

には重複となる部分もあり申し訳ないのですが、本書を出版するに当たり、個人事業主が新たな法人を設立したほうがメリットが大きいという考えに至るまでの経緯をお話しようとすると避けては通れないため、お付合いいただけたら幸いです。

私は、31歳のときに企業に勤めながら大学院へ入学し、33歳で経営学修士（ＭＢＡ）を修了しました。日々学ぶことや刺激が多く、気持ちがかなり高ぶってしまったこともあり、在学中に勢い余って自分が代表を務める会社を1社設立しました。私の通っていた大学院は、社会人大学院ということもあり起業家志向の方が多く、不思議と周囲で「まずは起業してみよう」という雰囲気が強くあったことが、会社設立の後押しとなったのだと思います。

実際に起業をする前の半年間は、学校外の起業家コミュニティーに参加するなど、自分なりに活動的に情報収集をしていました。幸運なことに、あれこれと事業のアイデアを出し合う仲間もでき、毎週集まってはどんな事業が現実的かと議論していました。

そんな毎日の中で、さらに起業熱が高まってしまい、最終的には事業内容がしっかり固まっていないのにもかかわらず、「走りながら考えよう」と「とにもかくにも会社設立してみた」というのが正直なところです。

こんな風に始まった私の起業人生ですが、会社勤めの傍らで起業をしたこともあり、実際の事業については、実務部分のほとんどを友人であるパートナーが切盛りしてくれていました。私がすることといえば、本業の傍らで時間をつくってできるマーケティング支援や、資金繰りだけでした。

当初は十分に下調べをして、事業をすぐに軌道に乗せられると確信してスタートさせたつもりでしたが、実際にはなかなか予想どおりに運営することができず、単月黒字にもならずでとても苦労をしました。

少し軌道に乗ったと思った後も、想定していない従業員の入替えなどで費用がかさんで資金難に陥り、結局、この会社は事業開始から約2年で休止させてしまうことになりました。

振り返ると、自分の会社を設立し、事業を成功させる責任のある立場の私が、会社勤めの傍らでしか事業にかかわることができずにいたことが、休眠にまで追い込んでしまった大きな要因であったと現在も反省しています。

重要なのはストックビジネス

初めての事業は失敗してしまったわけですが、それでも私の中で起業をしたい気持ちは一層強くなるばかりでした。

そこで、事業失敗の反省点である「自分の時間を100%事業に使うことができなかった」という部分を解決するために、現実的に自分が会社員を辞めて起業するまでの道筋を立てることにしました。そしていろいろと検討した結果、マイルストーンを「ストックビジネスで月に100万円以上の収入を得ることができたら会社を辞める」ことに設定しました。

ご存知の方も多いかと思いますが、事業で収益を上げる方法には、大きく分けて「フロービジネス」と「ストックビジネス」の2つの種類があります。

「フロービジネス」とは、一般的に小売店、飲食店、美容室などのように、常に新しい取引によって収益を生み出すもの、つまり、自分の労働時間に比例して売上が立つビジネスのことを指します。対する「ストックビジネス」は、携帯電話の通信キャリアや電気ガス料金、不動産賃貸業などのように、都度の取引ではなく、ある程度長期間に渡る契約に基づいて収益が生まれるもので、実際の自分の労働時間にかかわらず毎月一定の売上が立つビジネスのことを指します。

なお、例えば個人事業主として美容室を経営している方が、店長・従業員を雇って2店舗、3店舗と多店舗展開をしていく場合には、経営者からすると2店舗目以降は自身が労働をするわけではないという点から「ストックビジネス」といえます。

私は、将来的に会社員を辞めて自分が起業する会社に本腰を入れるためには、会社勤めを辞めるための足かせとなっている「安定収入」をストックビジネスでつくり出せるようにならなければいけないと考え、比較的簡単に始められるストックビジネスである不動産投資・太陽光売電投資に集中することで、事業規模を拡大していくことにしました。

そして、不動産投資を始めて3年後には、ストックビジネスによる収入が手取りで年間1,500万円になり、晴れて会社勤めを辞めて起業に専念することができるようになりました。

実際のところ、ストックビジネスから得られる収入は非常に心強いです。失敗してしまった1社目はフロービジネスだったのですが、当時は毎月の売上や従業員へ支払う給料、固定費としてかかるテナント料などを常々心配し、夢にまで出てくるほどでした。現在、そのような不安に駆られることもなく、精神的にも金銭的にも余裕を持ちながら仕事ができるようになったのは、ある程度の売上が予測できるストックビジネスの不動産投資・太陽光売電投資を選択できたからだと実感しています。

話は少し逸れますが、2020年は新型コロナウィルスが世界中に広がる騒動があり、観光業・宿泊業・飲食業・サービス業・教育業・エンタメ業・ジムなどの施設にいたるまで、多くの業種が売上に影響を受けることとなりました。そんな中でも不動産賃貸業と太陽光売電事業は影響を受けることがなく、安定した売上を保つことができたので、私は自分の事業の先行きを心配する必要もなく、世の中の状況を冷静に見ることができました。

このお話をすると、「ストックビジネスはフロービジネスよりも優れているのか」と聞こえてしまうかもしれませんが、私は「ストックビジネス至上主義者」なわけではありません。実際に、複数ある事業の中ではフロービジネスも行っていますし、それによる売上も大きな割合を占めています。

私は今回、改めて複数の事業を運営し、ポートフォリオとして「ストックビジネス」と「フロービジネス」をバランスよく持つことで、どんな世界情勢・経済の急な変動にも対応していくことができるのだということを痛感しました。

しかし、実際のところ、個人事業主の方はフロービジネスだけをされている割合が高いのではないかと思います。そこで、このストックビジネスの重要性と安心感を現在個人事業主としてすでにビジネスを確立されている多くの人にも共有したく、次章では私が実際に経験した太陽光売電投資と不動産投資についてご紹介したいと思います。

金の卵を産むガチョウ

ところで、イソップ寓話で有名な金の卵を産むガチョウの話をご存知でしょうか。

物語はこうです。

「昔、あるところにガチョウを飼っている貧しい農夫がいました。ある朝、いつものように卵を取りにガチョウの元へ行ったところ、巣の中で見つけたのはいつもの卵ではなく純金でできた金の卵でした。

男は、すぐさま市場に卵を持って行き、卵を売ることでお金を手にし、新しい農具を買いました。次の日もガチョウの元へ行くと、巣の中にはまた純金でできた金の卵がありました。男は、それをまた市場に持って行き、今度はお酒やきれいな服を買いました。

その後もガチョウは、毎日美しくキラキラ輝く金の卵を産んだので、男は装飾品を買ったり、新しい家に住んだりと、どんどんと豊かになり始めました。

しかし、ほどなくして男は、１日にたった１つの卵しか産まないガチョウに腹を立て始めます。そして、腹の中には金の塊があるに違いない、それを取り出そうと考え、ガチョウを真っ２つに切

【図表24　金の卵を産むガチョウを育てる】

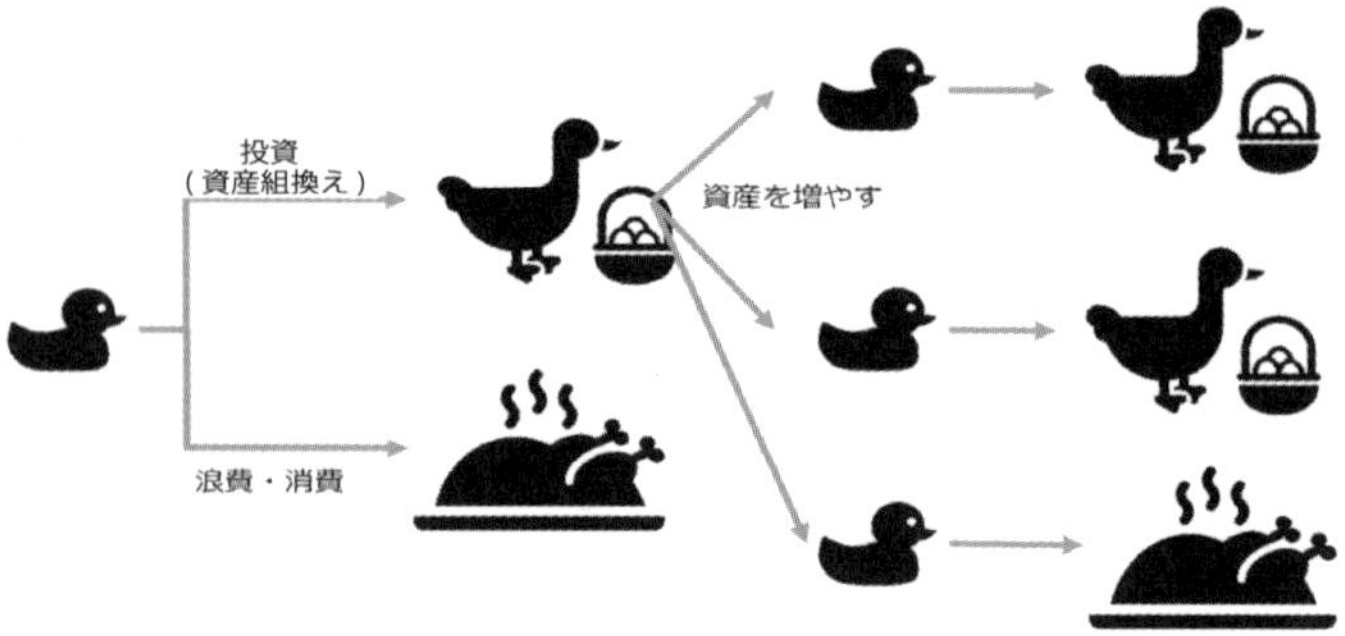

り割ってしまったのです。

しかし、もちろん金の塊など出てきません。ガチョウは死んでしまい、男はすぐにお金がなくなって、また貧乏になってしまいました」。

この話は、「目先の短期的な利益だけを求めてしまうと長期的な利益を得られなくなる」という教訓を与えてくれています。言い換えると、「1度に大きな利益を得ようと強欲になり過ぎず、利益を生み出す資源を大事に育てていけば、長期的には大きな利益を得ることができる」という話なのですが、イソップ寓話の「ガチョウ」を先ほどの「ストックビジネス」と読み替えることができるのではないでしょうか。

つまり、既存の事業を運営して得た「利益」というのは、将来金の卵を産むガチョウに育つヒナたちなのです。そのヒナたちを日常の消費などにすべて費やしてしまうとどうなるでしょうか。ヒナたちは消えてしまうので、新たにまた卵からヒナが孵るように事業を運営して、収益を上げていかなければいけません。

しかし、ヒナたちをすべて日常の消費に使うのではなく、30％でも40％でもよいので、一部のヒナ（利益）を残しておき、その利益を新しいストックビジネスなどの資産に組み替えていったとしたらどうなるでしょうか。30％、40％のヒナたちは、金の卵を産めるガチョウに育ちます。そうして育ったガチョウから新たに産まれた金の卵からまたヒナが孵り、さらにそのヒナたちの一部をストックビジネスなどの資産に組み替えます。そうすると、また育ったガチョウが新しい金の卵を産み、ヒナが孵ります。これを繰り返していくことでどんどん新しい資産が増えていきます（図表24参照）。

要するに、既存事業から出た利益をすべて消費してしまったり、余った利益を内部留保して据え置きの資産にしたりするのでは、ある意味短期的な利益を求めていることと同じなのです。

そこで、利益の一部を新しいビジネスへの投資に回し、そこから新たな利益を得られるような仕組みをつくっていくことが大切です。こうすることを繰り返していくことで、長期的に見ると資産は大きくなり、徐々に多くの利益を生み出す仕組みができ上がります。

新しいビジネスにはストックビジネスがポイント

そして、ここでポイントになるのは、最初のヒナ（既存事業）はフロービジネスでもよいのですが、できれば新しいビジネスにはストックビジネスである不動産投資や太陽光売電投資のような長期的な投資か、例えば美容室や飲食店の場合には多店舗展開を選ぶとよいということです。

その理由は、フロービジネスは自分が働いた分の対価を得るものなので、どうしても売上に限界ができてしまうからです。それに対してストックビジネスなら、自分が働かなくても収益が生まれるような仕組みをつくっていけるので、ビジネス規模を拡大していくことができます。

例えば、個人事業主として美容室や飲食店、個人塾などを経営されている方なら、2店舗目を立ち上げるために自分のお店の一部の利益を残し、法人を立ち上げて新店舗を店長に任せてストックビジネスにするのもよいでしょう。もし多店舗展開ができるような事業ではないのであれば、新しく設立した法人で太陽光売電投資や不動産賃投資のような長期投資を始めるのもよいでしょう。

しかし、太陽光売電投資、不動産投資は、投資話としてよく紹介されているものの、実際に事業として行っている人はまだまだ少ないと感じています。巷にたくさんの業者がいたり、様々な情報があふれていたりするため、どれを選べばよいかなど迷ってしまい、興味はあっても一歩踏み出せていない方が多いという印象があります。

実際に世の中には悪徳業者と呼ばれる人たちも存在しますし、そういった業者から物件を購入したために事業として失敗したという話を聞くこともあるので、どの情報を信じて進むかによって結果が異なることも確かです。そこで、正しい情報を選択できる目利きの力が重要になってきます。

その点も踏まえ、次の章からは私の経験を元に、実は比較的導入しやすく、長期的に利益を得られるストックビジネスである太陽光売電投資、不動産投資についてご紹介したいと思います。

第2章　太陽光売電事業

1　1つ目のストックビジネス

安定した投資

太陽光発電設備には、大きく分けると「住宅用」と「産業用」の2種類があります。日頃からよく見かける住宅の屋根上などに設置されている太陽光発電設備が「住宅用」で、車で高速道路などを通っていると見かけることが多い道路沿いの斜面に設置されている大規模なものが「産業用」になります。

この2種類の主な違いは、「発電規模」と「買取制度」にあります。

発電規模が10ｋＷ未満の住宅用の場合、発電した電気は自宅で使用し、余った電気を売電する余剰買取制度であり、買取期間は10年になります。10ｋＷ以上の産業用は、発電した電気はすべて売電する全量買取制度で買取期間が20年になります（図表25参照）。1ｋＷ当たりの買取価格はどちらも同じなので、実際の売電総額は産業用のほうが多くなります。

数年前に比べ、太陽光パネルを取り付けて電力を売電する投資話を聞く機会は減りましたが、現在でもこの全量買取制度を適用できれば、20年間の買取りが経済産業省によって約束され、不動産賃貸業よりも手間なく安定した収入を得ることができます（２０２０年1月時点）。

この事業の驚くべき点は、買取制度を受けるために太陽光発電事業者の認定を行っているのが経

【図表 25　発電設備種別売電額】

	住宅用	産業用
発電規模	１０ｋW未満	１０ｋW以上
売電価格(１ｋW)	１４円※	１４円※
買取期間	１０年	２０年

※２０１９年度に事業認定を受けた買取価格、買取価格は事業認定を受けた年度によって変わります。

済産業省であり、「政府が20年間に渡る買取りを保証した」投資である点です。このため、他の投資と比較して事業の安定性が高いことは想像に難くないでしょう。

経済のゆがみによって生まれた投資手法

それでは、なぜこんなに安定した投資が世の中に存在するのでしょうか。

それは、２０１１年に発生した東日本大震災によって起きた東京電力の福島第一原子力発電所事故による災害などの影響から、世論が原子力発電から再生可能エネルギーに移り変わったことに起因します。

日本政府は財政赤字でしたから、原子力発電に代わるほどの再生可能エネルギーの設備をつくるだけの財源がなく、代わりに企業や個人投資家が再生可能エネルギー設備へ投資をするという仕組みをつくり上げた結果がこの買取制度になります。

企業や個人投資家は、リターンがなければ資金投資をすることはありませんので、当時でいうならば大枠は正しい判断だったのかもしれません。ただ、この投資の問題点は、この「リターン」の原資となっているお金が国民の電気料金に上乗せされているという点にあります。

資源エネルギー庁の発表によれば、２０１９年度の再生可能エネルギーの買取りのための国民負担は約2・4兆円といわれており、標準家庭（３００ｋＷｈ／月）が年額約1万円を負担しています。しかも、この負担は、従来の電気料金に上乗せされる形で請求されており、国民にしてみたら知らないうちに「間接税」のような支出が増えていたことになります。

知っている者は太陽光売電投資を始めて得をし、知らない者はいつの間にか負担を強いられるというこの構図を考えると、企業や個人投資家の立場からすると、「太陽光売電事業はとてもよい投資手法」ということになります。

2 太陽光売電投資のよくある誤解

誤解による機会損失を防ぐ

太陽光売電投資について、売電価格が年々下がっているため、「安定性がなさそう」や「今から始めてもリターンが少ないのではないか」といった誤解をよく耳にするので、ここで買取制度について改めてご説明します。

現在、マーケットの主流である２０１８年度に事業認定を受けた設備の売電価格は、１ｋＷｈ当たりが18円になります。18円という単価は、1度事業認定を受けてしまえば20年間の全量買取期間は変わることがないので、太陽光売電投資とは日照率や日射量に大きな変化がなければ、売上規模

【図表26　利回り推移】

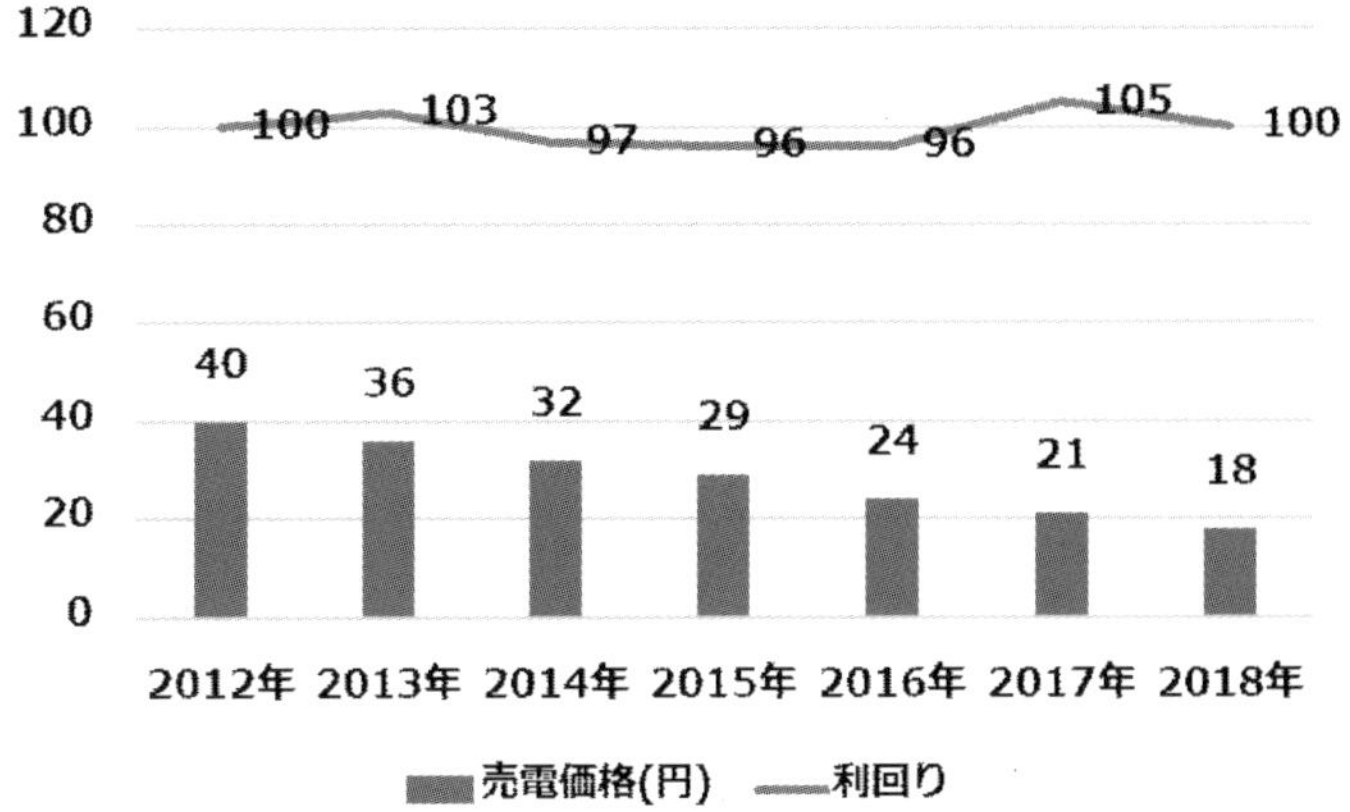

が大体予測できる投資です。

利回りの推移を２０１２年の買取制度がスタートした当時から見てみましょう。

２０１２年の売電価格は、１ｋＷｈ当たり40円でしたので、現在の売電価格と比較するとやはり利回りは下がってしまうのかと思われがちですが、そのときの利回りを１００とすると、現在主流で売買されている２０１８年の１ｋＷｈ当たり18円の設備の利回りも同じく１００になります。

これは、設備の汎用化が進んだことによる導入コストの減少や過積載といった設備の設計方法が変わったことにより、利回りを維持することができているからです。

２０１９年度の売買価格は１ｋＷｈ当たり14円ですが、事業認定に時間がかかっていることから販売実績が少ないものの、把握している限りでは、従来どおりの利回りは維持できている状況です（図表26参照）。

年間の日照時間により多少のブレはありますが、私が実際に取り付けた太陽光パネルの利回りは10～13％ほどです。1都3県の新築区分マンション投資の利回りが6％以下であることと比べると、条件が整うのであれば太陽光売電事業は投資先としてはとても優れているといえます。

なお、全量買取制度が適用されるのは、10ｋＷ以上の発電規模の場合です。パネル設置面積でいうと、約100㎡の場合に10ｋＷの発電規模になります。屋根面積が100㎡以上で20年以上解体を行わない物件を所有している場合は、太陽光パネルを設置することを検討してみてはいかがでしょうか。

発電設備を設置するための費用については、「ソーラーローン」という商品を金融機関が出しています。融資期間は10～15年と短いものの、金利が1・7～2・5％と低いので、キャッシュフローが出やすくなっています。

実際に、私もフルローンで金利2・2％、融資期間15年で6，600万円の融資を受けましたが、返済総額7，800万円に対して20年間の総売上が1億4，000万円（予測）なので、太陽光パネルを設置するだけで6，200万円の利益が出ることになります。

固定資産税などの支払や草刈りなどの依頼のように別途かかる費用はありますが、年間多目に見て100万円の支出があったと仮定しても20年間で2，000万円ほどなので、それでも4，200万円は利益として残る計算になります。

もちろん、これから変わっていく部分もあるかと思いますが、現状ではまだ太陽光売電投資はうま味のある投資といえます。

3　太陽光売電投資の3つのリスクと回避方法

3つのリスク

投資の中では「優れている」太陽光売電投資ですが、「投資」である以上もちろんメリットだけではなく、リスクもあります。

具体的には、次のような3つのリスクが存在します。

① 自然災害、突発的な故障、悪戯による破損、盗難
② 設置地域
③ 20年間の売上予測の精度

太陽光売電投資自体は、とても簡単に始めることができますが、これらのリスクを回避して仕入れる必要がありますので、順に詳細を説明していきます。

① 自然災害、突発的な故障、悪戯による破損、盗難

太陽光発電設備への保険は、一般的に火災保険しか用意されていないのが現状です。そこで、その他の自然災害や故障、破損、盗難などをカバーする「特約（オプション）」を付けることがリス

クを回避することにつながります。

まず、自然災害については、それぞれに保険の特約が用意されています。そこで、洪水、土砂災害などの水災が発生する可能性のある地域について、行政が公表している「洪水ハザードマップ」で確認します。ほとんどの場合、「洪水ハザードマップ」は、インターネットから確認することができます。水害が起こる可能性がある地域ならば特約をつけましょう。もちろん、水害が起こる可能性がない地域では特約を付ける必要がありませんので、その場合には費用を抑えることができます。

次に、突発的な故障や悪戯による破損ですが、これも保険会社により名称は異なるものの、俗にいう「機械特約または機械保険」、盗難には「盗難補償」というものを付けることで、補償を受けることができるようになります。

また、故障などを直している期間は、本来ならば売電できているはずの売上がなくなってしまうわけですが、その場合は「休業損害補償または利益特約」を付けることで、補償を受けられるようになります。

② 設置地域

太陽光売電投資は、運用の手間がほとんどかからないことから、あまり地域に固執することなく仕入れることができますが、２０１５年の省令改正により「再生可能エネルギー出力制御ルール」というものが一部の電力会社に設けられました。

このルールを簡単に説明しますと、電力会社が「発電しないでください」という強制力を持っているということです。省令改正後に何度かニュースになりましたが、中国電力などでは、発電量が消費量を大幅に上回った場合に、需要と供給のバランスが取れずに大規模停電などを起こしてしまう恐れがあり、実際に発電事業者に対して何度か出力制御が実施されました。

この出力制御を行える時間が年間に３６０時間あるのですが、日本の年間平均日照時間が１８５０時間であることを考慮すると、割合にして約20％の売上が減少する可能性があるということになります。太陽光発電として取り入れられる有効日射時間は、日照時間よりも短くなるため、実際には売上減少率はさらに大きくなるかもしれません。

しかも、九州電力や北海道電力は、出力制御の上限時間が設けられていないため、極端な例ですと売上がゼロになる可能性もあります。

先ほどの自然災害同様に出力抑制の保険を掛けることができますが、免責時間や補償金額の上限が設けられているため、売上が減少するリスクをゼロにすることはできません。どのように抑制が起こるかによって売上減少のリスクは未知数であるといえます。

その他、自社の施工物件の場合にのみ付けることができる免責時間なしの出力抑制の保険なども出てきていますが、これらの会社では保険だけではなく保守・メンテナンス契約も併せて取り交わす必要があります。

結局は、補償をする側も「どこかで利益を得なければ」倒産してしまうため、「免責なし」のリスクを「保守・メンテナンス費用」で回収しているという構図になります。

仮に保守・メンテナンス費用などで回収をしていない場合は、その会社の倒産リスクは高まります。出力抑制が続き過ぎてしまうと、結局は補償してくれる会社自体がつぶれてしまい、出力抑制による売上減少を防ぐことができなくなります。

例えば、死亡保険が成り立つ理由を考えてみるとわかりやすいかもしれません。死亡保険は、母集団の数に対して一定の確率で事柄が発生することを前提として掛金などが設定されており、補償金額が母集団の掛金を上回らないように「大数の法則」を前提としてつくられています。これを母集団の少ない自社の施工物件の顧客にのみ提供していた場合、免責または保守・メンテナンスでの利益がなければ企業運営自体が難しいといえるでしょう。

話を設置地域に戻しますと、設置してよい地域は、「関東・中部・関西」のみとなります。現在、この3地域は太陽光売電投資の主流である50kW未満の設備に対しては出力制御を設けていません。過去に遡及して適用することはできないため、今後同地域が出力抑制ルールを設定することになったとしても、設定前に事業認定を受けていれば、この制約による売上減少のリスクを受けることはないといえるでしょう。

③　20年間の売上予測の精度

簡単にご説明しますと、このリスク回避方法は、「よい業者の選定」になります。

太陽光発電設備は、自身で土地を探してくるといったことはせずに、太陽光発電設備の施工業者

【図表27　売電シミュレーションを因数分解する】

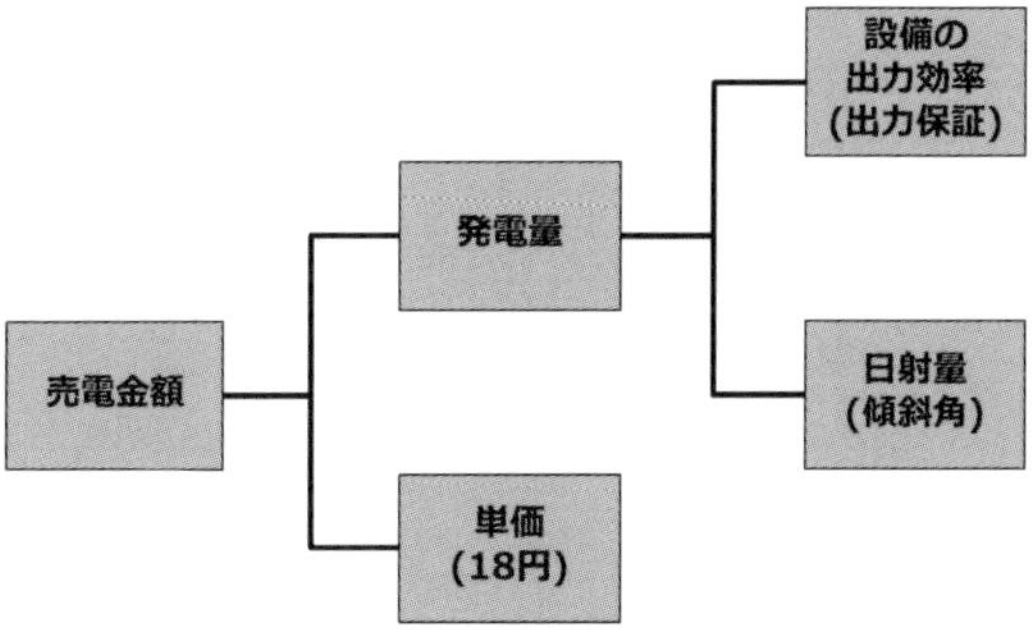

が土地と設備、および売電シミュレーションをもって提案をしてくれます。

そこで、購入者側は、この売電シミュレーションに使われている数字が正しいかどうかを判断する必要が出てきます。業者によっては、売電シミュレーション金額を高く見せるために「強気な数字」を見せてくるところや、逆に後々のクレームを避けるために「弱気な数字」を使っているところがあるため、その売上予測の妥当性を見極められることが重要になってきます。

この売電金額をチェックするためには、まず図表27のように因数分解してみることにします。

「売電金額」は、「発電量」×「売買単価」で求められます。売買単価自体は、政府が発表している数字なのでこれ以上分解できませんが、発電量をさらに「設備の出力効率」×「日射量」に分解してみます。

設備の出力効率は、太陽光発電設備のメーカーの仕様書に「出力保証値」が記載されており、発電性能がそれ以下になってしまった場合には、メーカー自身の責任で設備の修理または交換に応じるサービスがあるため、最低限の数字を確認することができます。

次に、日射量については、業者は業務用の専用ソフトを使っているため全く同じ売電シミュレーションをつくることは難しいのですが、「ＮＥＤＯ：国立研究開発法人　新エネルギー・産業技術総合開発機構」という機関が出している日射量データを使うことで、因数分解したすべての情報を揃えることができます。

また、少し手間にはなりますが、何社かの業者から提案を受けている内容とご自身でチェックした数字を見比べれば、その業者が売電シミュレーション金額を高く見せようとしているかどうかがわかります。

売電シミュレーション金額は、あくまでシミュレーションであるため保証は付きませんので、想定していたよりも売上が立たなかったといったことにならないように、事前にきちんとチェックをするようにしましょう。

１度信頼できる業者選定ができれば、あとは毎回細かくチェックなどせずとも安心して提案を受けられるかと思います。

20年間の買取りが約束されているとはいうものの、太陽光売電投資は、最初の仕入がとにかく重要なのです。

4　利益の最大化

税金の知識を活用

太陽光売電投資の利益は、税金の知識を活用することでさらに大きくすることができます。

【図表 28　太陽光発電投資の収支】

売上：	4,190万円
費用：	2,660万円
返済：	2,350万円
固定資産税：	70 万円
償却資産税：	180 万円
その他：	60 万円
利益：	1,530万円

まず、太陽光売電投資の収支について少し整理してみましょう。多くの案件が合計価額２，０００万円（土地３００万円、設備１，７００万円）程度、利回り10～11％で出ているので、大体図表28のようになります。

今回の例は利回りを11％で計算していますが、後にご説明します「消費税還付」を受けると、実質的に利回りを１％ほど押し上げる効果があるため、仮に利回り10％の設備を購入した場合にも、利回り11％と同程度の利益は出ることになります。

また、費用の中で高い割合を占める「償却資産税」についても、「先端設備等導入計画」の認定を受けることで、最初の３年間の償却資産税をゼロ円または２分の１程度にすることもできます。

償却資産税は、設備の評価額に応じて計算されるため、年数の経過ごとに税額が下がっていきますので、最も税金の支払いが多い最初の３年間をゼロ円にすることができれば、かなりの支出が抑えられることになります。

20年間のキャッシュフロー（ＣＦ）

それでは、年間の手残りを意味するキャッシュフローがいくらになる

【図表29　売上・費用・ＣＦ推移】

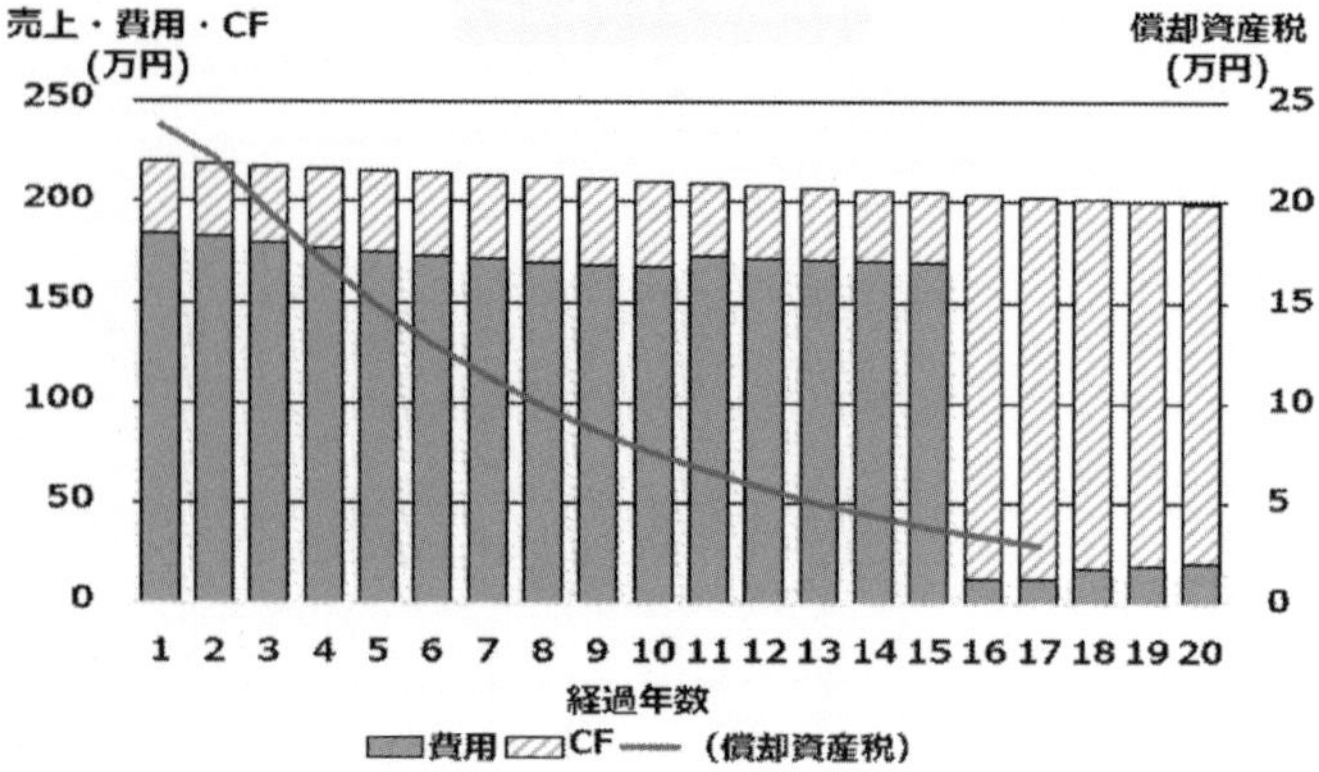

のかも併せて見ていきましょう。

先ほどの合計価額2，０００万円（土地３００万円、設備等1，７００万円）の例で計算をしていきますと、返済期間は最長の15年とすることが多いので、図表29のグラフのようになります。

返済が終わるまでの15年間のＣＦは、平均すると年間39万円になります。返済期間中は、ＣＦが圧迫されてしまう上に、購入後の経過年数が浅いうちは償却資産税が高くなるため、手元に残る額が少なくなってしまいます。

その反面、返済が終わった後の16～20年では、ＣＦが一気に伸びて平均して年間１８５万円が手取額になります。

なお、先ほどご説明したように、仮に「先端設備等導入計画」の認定を受けることができれば、最初の3年間の償却資産税（計65・5万円）をゼロ円にすることもできるので、ＣＦをさらに改善することができます。

次に、「消費税還付」と「先端設備等導入計画」について説明をしていきます。

消費税還付

「消費増税がチャンスに変わる」でご説明したとおり、消費税の課税事業者は、支払った消費税から預かった消費税（課税売上高に対する消費税）を差し引いた額の還付を受けることができます。

初年度に消費税のかかる太陽光発電設備を１，７００万円（税込）で取得したとすると、消費税を１５４万円ほど支払っていることになります。対して課税売上高は、年間２００～２２０万円ほどなので、おおよそ18～20万円ほどの消費税を預かっていることになり、差額の１３４～１３６万円ほどの還付を受けることができます。還付された金額はもちろん非課税なので、１３４～１３６万円もの非課税のお金を手元に戻すことができ、今後の事業資金として使うことができます。

ただし、前述の「消費増税がチャンスに変わる」でもご説明しましたが、課税売上が１，０００万円を超える事業者ではないのに「選択」して課税事業者となる場合、課税事業者になった期から３年間は「免税事業者」には戻れません。つまり、２期目、３期目に消費税を含む経費の支払いが少なくなると、太陽光売電による売上（課税売上）で預かった消費税を納付する義務が発生しますので、経費をあまり使わない場合にはご注意ください。

逆に、経費を使う予定がある場合には、２期目・３期目でも消費税が還付される可能性があります。

なお、こちらも繰返しとなりますが、「消費税課税事業者選択届出書」を提出して自ら課税事業者になった後に免税事業者に戻るためには、３期目中に「消費税課税事業者選択不適用届出書」を税務署に提出する必要があります。基準期間などの課税売上が１，０００万円以下の場合は、この届出により、4期目以降は課税売上により預かっている消費税と、経費などで支払っている消費税の差額を納付する必要も、還付されることもなくなります。ちなみに、消費税還付で手元に資金ができると、また別の投資物件を購入したくなるかもしれませんが、2期目、3期目に消費税額を除いた金額が100万円以上の「調整対象固定資産」を新たに購入して消費税の確定申告をすると、その資産を購入した期からさらに3年間は免税事業者に戻れなくなってしまうので、その点は注意してください。

先端設備等導入計画

「生産性向上特別措置法」は、中小企業の生産性革命実現のため、中小企業の新たな設備投資の固定資産税の特例措置（最大3年間ゼロ円または2分の1）や補助金審査等により支援するために、経済産業省・中小企業庁が平成30年に施工した法律です。

中小企業が設備投資を通して労働生産性の向上を図る「先端設備導入計画」を策定し、市区町村の認定を得ることで各種支援を受けられることになるのですが、この「先端設備等導入計画」の申請はとても複雑なため、恐らくご自身での手続は非常に困難であると思われます。しかも、いずれにしても、認定支援機関（税理士など）の確認書が必要となるため、5万円程度で申請代行をしてくれる税理士などを探してお願いするとよいでしょう。

前述の例ですと、この認定を受けた場合のおおよその減税額は、65・5万円ほどになるため、こちらも活用すると手元に残る利益を多くすることができます。

ただし、太陽光発電設備を設置する市区町村によっては、この先端設備等導入計画が受けられないところがあるため、中小企業庁のホームページ（先端設備等導入に伴う固定資産税ゼロの措置を講じた自治体を公表しています）で事前に確認してみるとよいかもしれません。

なお、この固定資産税の減税措置を受けるには、太陽光発電設備の取得日は「先端設備導入計画」の認定後でなければいけません。設備の取得後に「先端設備導入計画」を申請しても受理されず、固定資産税の減税はされませんので、太陽光売電を始める場合には取得時期にはご注意ください。

セカンドソーラー（中古物件）

最近では、セカンドソーラーといって、すでに稼働済みの中古物件が売りに出ていることもあります。過去の売買実績を見ることができるため、業者選びなどの手間がなくなり、購入価格も抑えられるというメリットの反面で、15年の返済期間終了後に大きく利益を得られるはずだった期間が削られてしまうというデメリットもあります。これらの点をよく理解した上で、比較的手軽に小規模でスタートしたいという場合には、セカンドソーラーなどを検討されてみてもよいかもしれません。

新たな事業としてつくりやすい

すでに個人事業主として創業された皆様であれば、身に染みてわかっていることと思いますが、新たな事業で売上をつくっていくことはとても大変なことです。しかし、太陽光売電投資は、売上が政府により20年間も約束されている「安定した事業」なので、論理的に組み立てていけば、事業を開始するのは比較的簡単だといえるでしょう。

ただし、「安定している」ということには一長一短があり、売上が予想の「倍」になることはありません。例えば、公務員として安定した就職をしたとすると生涯年収は大体予測できます。しかし、自ら創業すると生涯年収は公務員の年収よりも少なくなるかもしれませんし、もしかしたら数倍になるかもしれません。これと同じく、太陽光売電投資は安定した事業で新しく取り組みやすい半面、売上規模も大体予測でき、大化けすることはないということです。

ただ、目まぐるしく変化する昨今の社会で1つの事業だけを運営するのでは社会の状況が変わったときに対応しきれず、経営困難に陥るリスクもあります。そこで、フロービジネス、ストックビジネスのように異なる複数の事業を運営し、どんな社会情勢下でも売上のバランスを取ることはとても重要だと思います。

5 減価償却は魔法の経費

魔法の経費の仕組みを理解しよう

個人事業主の方ならご存知の方が多いかと思いますが、「減価償却」は太陽光売電設備や不動産

【図表30　太陽光発電設備の減価償却費】

減価償却費
１００万円

太陽光設備　÷　残存耐用年数
1,７００万円　÷　１７年

１７年間、毎年１００万円を減価償却費として経費計上できる

といった設備投資には欠かせない節税に役立つ「魔法の経費」です。なぜ「魔法の経費」と呼ばれるかというと、実際にはお金を払っているわけではないのに、一定期間その固定資産の「価値が減る分」を経費として計上できるためです。

通常、売上から経費を引いて残った所得に課税されるわけですが、減価償却費を経費計上すると所得と相殺されるため、実際には支払いをしているわけではないのに所得を減らすことができ、結果として課税額を減らすことができるのです。

減価償却費の出し方は、定額法の場合、購入した固定資産の価格を残存の法定耐用年数で割ります。先ほどの太陽光発電設備の例ですと、新規設備の購入価格が1，700万円なので、法定耐用年数の17年で割ると年間100万円を「減価償却費」という経費にすることができます（図表30参照）。

なお、土地は固定資産ですが、太陽光発電設備や建物のように「資産価値が減るもの」ではないため、減価償却はできません。

1，700万円規模の太陽光発電設備ですと、年間の売電収益は220万円くらいとなるので、固定資産税や支払利息＋減価償却費

１００万円を差し引くと、初年度は50万円ほどの所得となります。

法人を設立して新規事業として太陽光売電を行うのであれば、法人側で役員報酬を支払うことにより初年度は赤字になってしまったとしても、その赤字は「赤字貯金」として10年間繰り越せますし、従来の個人事業主の売上はそのままにしつつ、社会保険に加入して健康保険料を低い額に抑えることができます。

このように、減価償却という魔法の経費を使えば、実際の所得は増やしつつ、支払う税金を抑えることができるので、手元に残るお金が増えます。

しかも、固定資産を購入した初年度だけではなく、減価償却期間中は、毎年定額で経費にできるので、残存耐用年数のある間は長期的に節税して手元に残るお金を増やすことができます。

どのような事業においても、減価償却はとても大事な節税対策といえますので、忘れずに計上するようにしてください。

第3章　不動産賃貸業

1 2つ目のストックビジネス

不動産賃貸業は立派な事業経営

次に、不動産投資についてご紹介します。

私が不動産投資を始めてから2020年で5年になりますが、常々感じていることは、不動産投資は「投資」ではなく「事業経営」だということです。

例えば、「事業経営」として「美容室の経営」を考えてみてください。

美容師の資格を取り、美容室に勤めていたとします。何年か経ち、独立を考えるようになった場合、実家が美容室でない限り、大体の方は店舗を借りて美容室をオープンさせることになります。

その場合、店舗の立地、近所にある美容室の状況、人の流れなどを調べ、集客率、売上単価などを考えて物件を探し、美容室に必要な設備を備えるにはどのくらい資金が必要か見積もりを取り、その結果、金融機関で融資を受けられるか相談に行き、実際に融資が通ることがわかったら、物件を借りて、内装の手配をして…といろいろと判断、実行しなければいけないことが出てきます。

そして、実際にお店をオープンできたら、今度は黒字になるように顧客を増やす努力もしていかなければいけません。

従業員として美容室に勤めていたときには、お客様の予約状況や日々の売上を考えるだけで済んでいたかもしれませんが、自分がお店の主となればそうはいきません。いろいろな場面で「経営者」として的確な判断が求められるようになります。

これと同じことが不動産投資にもいえます。「不動産投資はストックビジネスだし、〝投資〟だから株やＦＸのようにお金を出して物件を買うところと、いくらで売るかを考えればよいだけで、その他やることはあまりないのでは？」と思われることも多いのですが、不動産投資とは、「不動産賃貸事業」です。条件のよい賃貸物件を仕入れ、賃貸して収益を出し、最終的にはその賃貸物件を売却して利益を確定させます。

物件のある地域の生活環境や駅近かどうか、築年数や構造などにより市場の価格は変わってきますので、賃貸をするにしても、購入・売却をするにしても、その需要と供給、市場の相場価格を理解して運営していく必要があります。

また、住人が退去する際に必要になる原状回復費用や、時々発生する建物や内部の修繕、敷地内の清掃、草刈りなどについても、相場がどのくらいなのか、自分で手配するのかどうかなども考える必要があります。それらをすべて不動産会社や管理会社任せにしていくのであれば単なる投資かもしれませんが、利益を最大化していくには、自分で指揮を執る必要があるため、経営意識や知識は不可欠です。

実際に、私は不動産賃貸業を始める前に、不動産投資関連本やブログを読み漁り、財務、会計、税金について学び、不動産会社や金融機関との関係を構築していきました。当初は、いろいろと回り道や失敗もしましたが、その失敗から学ぶことも多く、次第に「不動産賃貸業」を事業経営として行えるようになりました。

そして、1件目の収益を黒字化して、2件目購入のための信用を得て購入できたら、さらに2件目を黒字にして…と、順々に規模を拡大してきました。

なお、「規模拡大」をする上で大切なポイントは、それぞれの物件の収益を最大化することではなく、全体のバランスを見て、複数の物件で総合的に黒字経営かつ財務体質をよくすることです。入居者の入替えやリフォーム、大規模修繕など、それぞれの物件で費用がかかってしまうタイミングは異なるので、複数の物件を持つことはリスク分散にもなりますし、トータルで見たときに黒字になるような運営を心掛けるとよいでしょう。

注意したい自己資本比率

次に、不動産賃貸事業を「事業経営」と考えたときに注意していただきたいポイントの1つが、「自己資本比率」です。自己資本比率とは、総資産のうち返済不要な自己資産がどのくらいあるかを表し、会社の資金力の目安となるものです。

不動産賃貸業を始めようとする場合、当たり前ですが、まずは収益物件を購入する必要があります。「手元資金」を頭金や諸経費に充て、融資を組んで収益物件を購入し、家賃という「キャッシュフロー」を得るわけです。そして、2件目、3件目とさらに収益物件を購入し、規模を拡大しようとする場合、この「手元資金」と「収益物件から入ってくるキャッシュフロー」を最優先にすることで、金融機関から融資を受けて、レバレッジをかけることができるようになります。

ただし、「手元資金」と「キャッシュフロー」を重視し過ぎて融資期間を長くしたり、融資を受け続けると、自己資本比率が極端に低くなってしまいます。自己資本比率が低いということは、言い換えると他人資本（借金）が多いということなので、倒産のリスクも高まり、経営という面では安定性に欠けてしまいます。

そこで、「規模の拡大」をする場合には、あらかじめ目標の規模を設定し、そこに達した段階で物件の組換えを行うか、自己資金を投入して自己資本比率を高めて、「経営の安定性」に重きをシフトさせることも重要です。

自己資本比率を高める方法としては、自己資金のみで物件を購入したり、家賃収入から得たキャッシュフローを繰上返済に回したりすることが有効です。

税金の知識を増やしていこう

また、不動産賃貸事業に限ったことではないですが、創業期、成長期、安定期のいずれの段階においても、税金をコントロールすることは非常に重要です。社会保険に加入して支払う健康保険料を低く抑えたり、厚生年金受給額を増やしたり、タックスフリー（消費税非課税）で買物をしたり、太陽光発電設備購入時に先端設備導入計画を申請して固定資産税の減税をする等々、税金の知識があれば、手元により多くのお金を残すことができます。

効率的な事業経営を行うためにも、財務や会計、税金の知識は重要なので、複雑な決算書の作成業務などは税理士の先生にお願いするとしても、自分自身も経営者として決算書を読み、ご自身の事業からどのくらいの利益が出て、どのくらいの税金を支払っているのかなど、一通り把握しておくとよいでしょう。

口を酸っぱく何度も繰り返して恐縮ですが、不動産投資は「投資」ではなく、「不動産賃貸事業」を行って成長、拡大させていく、言わば「事業経営」です。新規事業を始める際、スタート時には赤字貯金にしてもよいというお話をしましたが、不動産賃貸業を始めるのであれば、比較的収益を予測しやすい事業なので、効率的に経営を行い、黒字経営にして、さらに規模を拡大していくことを目指しましょう。

不動産投資と太陽光売電投資の違い

先ほどご紹介した太陽光売電投資は、20年間政府が保証してくれた「安定した事業」といえますが、その分利益が大化けすることもない、ある意味「手堅い事業」です。

それに対し、不動産賃貸業は事業運営の知識や能力によっても売上は異なるため、太陽光売電事業と比較すると、リスクはあるものの、その分リターンを期待することができる事業です。

不動産賃貸事業は、太陽光売電事業よりも複雑で、ハードル、リスクが高いことも事実ですが、

【図表31　太陽光売電投資と不動産投資の比較】

	太陽光売電投資	不動産投資
安定性	高い	低い
リターン	低い	高い
よい点	20年の買取制度があり、売上予測がしやすくリスクが非常に少ない	事業運営の知識を身につければリターンは太陽光投資よりも大きい
悪い点	最終的に売却益が出ない土地であるため、20年の売上だけがリターンとなる	人口減少、空室リスク、大規模修繕などの不確定要素がありリスクが高い

一般的に言われている不動産投資のリスクというのは、１つひとつ原因を理解し、対策を講じていけば最小限に抑えることができます(図表31参照)。

詳細を本書にまとめると膨大なページ数になってしまうため、前著「不動産投資を事業経営に変える!!　資産形成術」に譲りますが、ここでは現在の日本の経済状況について、その中で不動産賃貸事業を始めることのメリットや、事業経営をしていく上で最低限押さえておいていただきたいポイント、また、不動産賃貸業を始めるにあたり外していただきたい「投資」や「借金」に関するメンタルブロックについてお話したいと思います。

2　所得によし悪しがある⁉

「よい所得」と「悪い所得」

「手元に入ってくるお金を増やしたい」とは、誰もが望むことかと思いますが、実はその所得には効率の「よい所得」と「悪い所得」があることをご存知でしょうか。

「所得によし悪しがあるの？」と思われる方も多いかと思うので、ここでは効率の「よい所得」「悪い所得」についてご説明し、今後できるだけ「よい所得」を増やしたほうがよい理由について触れてみます。

まず、「所得」は、次の2つに大別されます。

①　労働所得（給与所得）

労働の対価として得た収入のことを指します。労働所得は、個人事業主の所得または法人からの賃金や報酬など、給料という形で得ることがほとんどで、労働所得を増やすには、仕事量を増やして売上を多くするなどの方法があります。

②　不労所得（資本所得）

労働の対価として得られる収入以外を指し、特許、ライセンスなどの知的財産から得られる印税や、株式、ＦＸ、投資信託、太陽光売電・不動産などの投資から得られる所得があります。

これら2つの所得のうち、資本主義社会の中では、一般的に「労働所得」は次の理由から「効率が悪い所得」であると位置づけられています。

●労働所得の元となるのは労働者自身の身体や技術のため、自身が働き続けなければ所得を得ることができず、そのために貴重な時間が費やされ、拘束されている

●所得を増やすためには、そもそもの労働量を増やすか、技術を向上させて効率化を図る必要があり、また、取引先や顧客、他者からの俗人的な評価基準に頼る部分が大きい

●所得に対する税金の額や支払時期に対してコントロールが効きづらい

反対に、「労働の対価としての収入以外」とされる「不労所得」は、「労働所得」と比較すると必

要な労働量が少なく時間も拘束されにくいことから、「効率がよい所得」であると位置づけられています。

労働所得の最たるものは「会社員の給与」なのですが、個人事業主の方でも労働時間に比例して売上が上がる仕組みになっている場合は労働所得といえます。

この「労働の対価としてお金を得ている」ことをイメージするときに、胸にすとんと落ちる言葉があります。「世界で最も貧しい大統領」として知られている元ウルグアイ大統領ホセ・ムヒカ氏のスピーチの一節なのですが、ご紹介します。

「あなたが何かを買おうとしたとき、それはお金で買うのではありません。そのお金を得るために費やさなければならなかった人生の時間で買っているのです」。

ムヒカ氏は、現代の消費主義社会に警鐘を鳴らし、「余計なものを買うために、もっともっと働いて人生をすり減らしている」「市場に言われるがままにとめどなくモノを必要とするならば、あなたはいつになっても自由にはなれないでしょう。…自分自身に問うて一番大事なものを探してほしいのです」と言っているので、労働所得が悪くて不労所得がよい、という話をしているわけではありません。

ただ、彼の言葉は、「労働所得」によりお金を得ているということは、自分の大切な時間を費やしているのだということを気づかせ、これからの人生はどうしていきたいかを考えるキッカケを与えてくれていると思います。

実際のところ、私は労働所得がすべて悪いとは思いません。確かに自分が会社員だった時代を振り返ると、かなりの時間を拘束されていましたし、他者からの評価に縛られていた部分があるので、「効率の悪い所得」だったとは思います。ですが、独立をしてから始めたコンサルティングも、自分が資本の労働所得ですが、自分のやり方次第でどんどん効率を上げていくことができました。

そもそも、不労所得だけで生活できている人のほうが稀ですし、労働所得の中にも時間単価を考えればとても効率のよい収益を得られる事業もあるのです。

ただ、ここで皆様にお伝えしたいことは、所得には一般論的に「効率のよい所得」と「効率の悪い所得」があるということ、そしてそれぞれの特徴を理解することで、ご自身の事業の中で労働所得・不労所得のバランスを取り、「よい所得」を増やしていくことができれば、将来的に多くの自由な時間・お金を手にすることができるようになるということです。

3　投資鎖国の日本

投資に対するメンタルブロック

不労所得には、株式、ＦＸ、投資信託、太陽光売電、不動産などの投資も含まれるとお話ししましたが、日本人はどちらかというと投資に対しては消極的で、貯蓄を好むと言われています。

図表32のグラフは、２０１９年に行われた日本銀行調査統計局による「家計の金融資産構成」の

【図表 32　家計の金融資産構成】

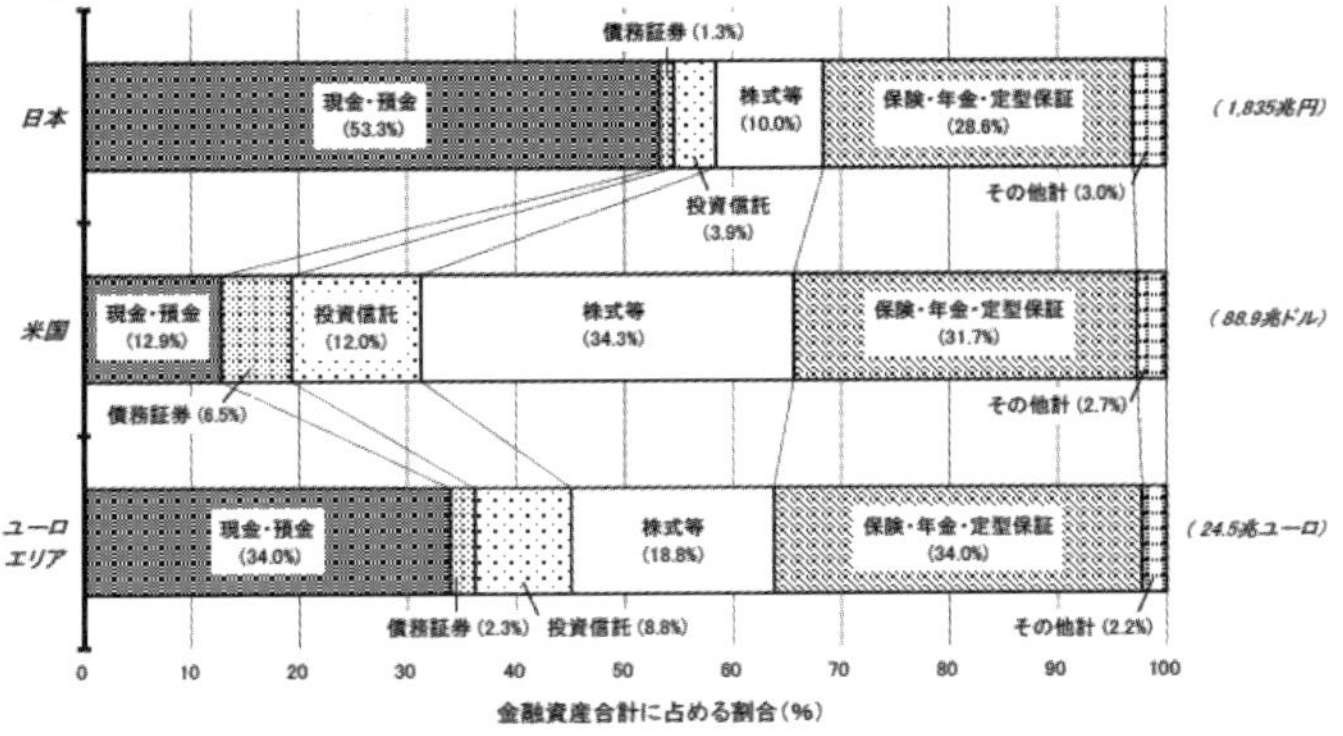

*「その他計」は、金融資産合計から、「現金・預金」、「債務証券」、「投資信託」、「株式等」、「保険・年金・定型保証」を控除した残差。
出所：日本銀行調査統計局「資金循環の日米欧比較」2019 年 8 月 29 日

調査結果なのですが、これによると日本の「現金・預金」が占める割合は53・3％と金融資産の半分以上を占めています。アメリカの12・9％、ユーロ圏の34・0％と比べると、やはり日本人はあまり投資をせず、その分貯蓄をしていることが見て取れます。

もちろん、預金は悪いことではないのですが、現在のみずほ銀行の10年間の定期金利が0・01％だと考えると、1，000万円を10年間預けたとしても得られる利息は1万円程度です。これでは、せっかくの資産を寝かせているだけなので、「資産にお金を生み出してもらう」ことはできません。

それに対し、図表32からもわかるとおり、日本以外では、不労所得を得るための「投資」により適正なリターンを得ることは、資産形成のスタンダードになっています。

私は、事業の1つとして資産形成の相談に乗っていますが、資産形成をしたいと考えている顧客と話をしていても、残念ながらまだまだ日本では投資に対する正しい理解は得られていないと感じています。積極的に資産形成を考えている人でもそうなので、一般的には「投資なんて怖い」「元本保証されている預金ならよいけれども、投資は資産がなくなってしまうリスクがあるからやらないほうがよい」と投資を否定する人さえいます。

しかし、これから詳細はお話しますが、現在のお金の価値はずっと同じとは限りません。「資産がお金を生み出す」不労所得の仕組みをつくれた人と、現金・預金だけで満足している人との所得や資産の格差は、どんどん開いていくことになります。

「世界的には投資をするのは当たり前のこと」ということを認識し、投資を恐れずに、ご自身の今の資産状況ならどんな「資産がお金を生み出す」仕組みをつくれるかを考えてみてください。

4 不動産投資とインフレ（インフレーション）・デフレ（デフレーション）

借金は最強の投資術!?

「失われた20年」の長い経済停滞期の中で、デフレ（物価が安い・貨幣価値が高い・円高）が続いてきましたが、将来的にはインフレ（物価が高い・貨幣価値が低い・円安）になる可能性が高い状況にきています。

そんな中、大学で経営学を教えている友人の藤田教授（仮名）と飲んでいたときに、「インフレ経済下における最強の投資術は何か」という話になりました。いろいろと意見を出し合った結果、意外かもしれませんが、「最強の投資術は借金だ！」という結論に達しました。

「借金を投資術と呼ぶなんて！」という声が聞こえてきそうですが、もちろん、きちんとした理由があります。インフレ経済下では、「物価が上がり、貨幣の価値が下がり、賃金が上がり、消費が活性化し、金融金利が上がる」わけですが、所得が増えていく中でも、過去のある時点でつくった借金の額は変わらないため、全体から見ると負債が占める割合が相対的に低くなるのです。しかも、紙幣の価値が下がることで、借金の負債としての価値も目減りします。物価が上がるとその分出費も増えるので、所得に占める出費の割合はあまり変わらないかもしれませんが、借金の占める割合が減った部分でできた余剰金を繰上返済に回すこともできるでしょう。

そう考えると、インフレ経済下における最強の投資術は、借金だということになるのです。

インフレになるのか？

日本銀行は、２０１３年1月以降、「物価安定の目標」を消費者物価の前年比上昇率（インフレ率）２％と定め、できるだけ早期に実現するように様々な施策を行ってきました。残念ながら、２０１９年の消費者物価指数は対前年０・５％増と、２０１８年の伸び率1・０％から鈍化してしまいましたが、今後目標どおりにいくのであれば、日本経済は成長軌道に乗ってインフレ率２％前後を推移していくことでしょう。

そもそも、インフレ率2％というのは、経済が好景気となり、うまく循環していくためには適正な数値です。米連邦準備理事会（FRB）も、欧州中央銀行（ECB）も、インフレ目標を2％程度に設定しており、言わば「グローバルスタンダード」な数値です。そのため、日銀・政府の施策がうまくいき、インフレ率2％へ近づいていくことが一番望ましいのですが、もし現在の施策がうまくいかなかった場合でも、インフレ率は高くなることが予想されます。

なぜなら、インフレ率2％の成長軌道に乗らない日本は、経済成長ができていないということになるので、国際的な信用を失ってしまい、他国に比べて日本の貨幣価値が現状維持することは難しく、暴落して、強めのインフレに突入する可能性があるからです。

そのため、政策がうまくいっても、失敗に終わっても、今後はインフレ経済に向かっていく可能性があり、それに向けて各々準備をする必要があります。

合成の誤謬がもたらした長期デフレ

少し脇道に逸れますが、なぜ日本はデフレ経済を20年も脱却できなかったのでしょうか。こちらも簡単にご説明したいと思います。

あまり聞きなれない言葉かと思いますが、経済学に「合成の誤謬《ごびゅう》」という用語があります。これは、ミクロの視点では個々がよい結果を目指して正しい行動をとっているにもかかわらず、全体のマクロの視点から見ると、反対に悪い結果をもたらしてしまうことを指します。

「失われた20年」のデフレ時代は、まさにこの合成の誤謬を体現していました。デフレ経済下では、物価が下落し、賃金も下がるため、個人や法人は経営破綻に陥らないためにも消費や投資を減らして、貯蓄を増やそうとしてきました。それ自体は、ミクロ的に見たら正しい行動ですし、間違っていません。しかし、これを日本経済全体のマクロ的に見るとどうでしょうか。個々が消費を抑えた結果、益々需要は減り、それにより物価はさらに下がり、デフレがより酷くなっていったのです。

各々の行動は間違っていないはずなのに、全体としてさらに悪い方向に向かってしまう。この悪循環は、ミクロ視点の個々では解決できません。では、誰なら解決できるのかというと、マクロの視点で行動すべき日本銀行や政府ということになります。

残念ながら、デフレ時代には、日本銀行と政府の対策はうまく効果を発揮せず、長期経済不況に陥ってしまっていたわけですが、現在は当時の施策を変更し、インフレ率２％の目標を到達するために様々な新しい施策を講じています。

そう考えると、先ほども述べましたように、成功してもインフレ率２％、失敗したとしても信用失墜による強めのインフレになるように思います。

これから訪れるインフレ経済に備える

それでは、「インフレ経済に備える」ためには具体的には何をすればよいのでしょうか。

一般的に、現金・預金などの「金融資産」は、貨幣の価値が下がるインフレには弱いと言われています。逆に、不動産物件などは、物価の上がる好景気経済の下では賃料も値上がりするため、インフレには強いと言われています。

もし仮に、インフレ率2％という目標を達成し、それを35年間持続できるとしたら、現在の貨幣の価値は2分の1程度となってしまいます。つまり、2％以上の金銭的リターンを得られるような事業を行わず、余剰金を貯金するだけでは、そのお金の価値は徐々に目減りしてしまい、実質的には損をしてしまうことになるのです。

そのため、インフレ対策としては、金融資産を持つよりも、不動産資産や証券などを持つほうが好ましいということになります。

なお、インフレ経済下では金融金利も上がるため、返済額が増えてしまい返済が大変になるのではと心配される声もよく聞くのですが、変動金利にしていたとしても、金融機関が行える返済額の見直し幅は5年で1・25倍が限度とされています。

そのため、現在の返済額が2倍になるまでには20年以上かかります。もし、仮に20年間インフレが続くのであれば、物件価格も賃料も上昇するため、賃貸経営への影響は少ないはずです。しかも、物件価格が高騰しているので、売却をする際に残債を上回る収益を上げられる可能性もあります。

ちなみに、インフレ対策として不動産賃貸事業が有利ということは、デフレ経済下では物価下落に合わせて賃料も下がってしまい不利になるのかと思われるかもしれませんが、不動産賃貸事業は、デフレにも強いです。

その理由は、通常、賃料は貸主と借主との契約に基づくため、物価のように急に下がることはないからです。また、不動産のような収益物件は、収益力によって市場の売買価格が決められるため、賃料が大きく変わりさえしなければ、物件の価値が急に暴落することもありませんのでご安心ください。

ここまでで、インフレ経済に備えるという意味でも、不労所得を増やすという意味でも、新規事業として不動産賃貸業を始めることは有効だとおわかりいただけたかと思います。

5　お金の現在正味価値（NPV）

ファイナンスの視点から見た効率的なお金の使い方

事業経営をされている方には、ファイナンスの視点から見た効率的なお金の使い方や、現在・将来におけるお金の価値についても意識していただきたいと思います。

経済ニュースや新聞などで「アカウンティング（会計）」や「ファイナンス（財務）」という言葉はよく出てきますが、その違いを明確に答えられる方は少ないようです。

大きな違いは、アカウンティングが「企業の利益と過去の業績」を扱うのに対し、ファイナンスは「現在と将来に生み出すキャッシュ」を扱うという点です。

もちろん、いずれも事業経営にとっては大切なのですが、アカウンティングは過去にどれだけ利益を生み出せたかという成績表のようなものなので、将来的にどう成長してキャッシュを生み出すかという経営判断をしていく場合には、ファイナンスが大切になります。いくら利益を出していても、手元にキャッシュがないと支払いが滞り、「黒字倒産」してしまう可能性もあるからです。

本書は、新規事業を始めて節税しようという趣旨なので、ここでは「ファイナンス」の観点から見た効率的なお金の使い方について、ファイナンスの軸となるＮＰＶ（Net Present Value）をご紹介します。

日本語に訳しても「現在正味価値」とわかりにくい言葉なのですが、ＮＰＶとは、将来に受け取ることができるお金を現時点の価値に換算した金額のことです。

例えば、現在手元にある1万円が、将来的に1万円以上のお金を生み出すのであれば、「現在ある1万円」のほうが「将来ある1万円」よりも価値が高いということ表します。

利回り10％の投資をした場合、現在の手元の1万円は1年後には1万1，０００円になります。そうすると、同じ1万円でも「現在あるお金（1万円）」のほうが「将来のお金（1万円）」よりも価値があるということになります。

また、新しい事業や投資を行う際には、そこから得られるだろう将来のキャッシュフローの「現在正味価値」と、その事業・投資にかかる「総額」を比較して、どちらが大きいかにより事業・投資を進めるか否かの判断をします。

先ほども述べましたとおり、もしインフレ率２％が35年間続くとすると、現在ある1万円の価値は2分の1程度になりますので、NPVを意識し、理解して、新規事業を開始する際に正しい判断ができるようになってください。

6　不動産賃貸業のリターンの種類

不動産賃貸業によるリターンの種類を理解する

不動産賃貸業におけるリターンの種類は、大きく図表33の3つに分けられます。

太陽光売電事業では、②のキャッシュフローが収入源のメインであり、①キャピタルゲインは基本的にありませんし、③純資産化も土地の種目や地域柄あまり期待できるものではありません。

それに対し、キャピタルゲインと純資産化を望める点において、安定性は比較的同じながらも、不動産賃貸業のほうがより多くリターンを期待できるのです。

①　キャピタルゲイン（CG）

700万円で購入した物件を1，000万円で売却できれば、300万円のリターンを得られます。これをキャピタルゲインと呼びます。

②　キャッシュフロー（CF）

毎月の賃料収入が10万円で、返済額＋管理手数料などの支出が3万円とした場合、差引きして手元に残る7万円のリターンがキャッシュフローです。

【図表33　リターンの種類】

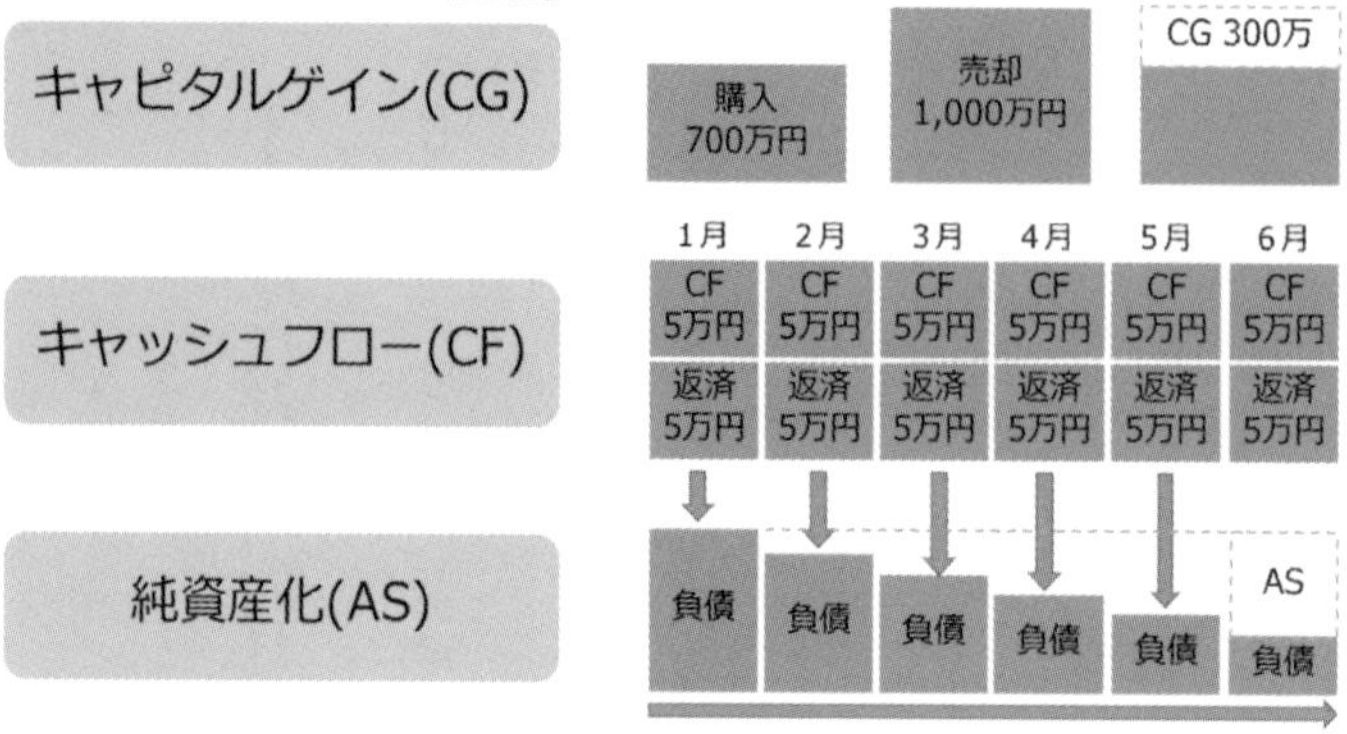

③　純資産化（ＡＳ）

毎月金融機関へ返済が行われていき、返済額の元金部分が純資産化してリターンになります。

不動産投資の関連本は書店にたくさん並んでいますが、私が１００冊程度呼んで勉強した限りでいうと、②のキャッシュフローがより多く出る物件の購入をすすめる書籍が多いように思います。

しかし、本来、不動産投資は購入してから売却するまでの合計収支を見なくてはいけません。毎月のキャッシュフローがどんなに多くても、売却時に大きな損を出してしまい、合計収支がマイナスになるのであれば、その投資は「失敗」ということになります。

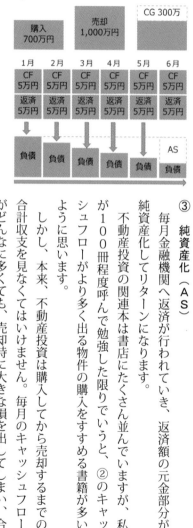

収益物件を購入する際には、月々または年間の収益としてわかりやすいキャッシュフローだけでなく、３つのリターンの合計収支がプラスになるかどうかをきちんと計算しておくことが重要です。

なお、①のキャピタルゲインは、事前に勝手に決められるものではありませんので、10年～30年後の売却を2～3パターン想定しておくとよいでしょう。

次の「エグジット（出口戦略）の描き方」でさらに詳しく収支計算の仕方をご説明しますので、実際に不動産物件を購入する際には、10年後、20年後をエグジットと設定し、いくらで売却できるのか、売却するまでにいくらのキャッシュフローが残るのか、売却するタイミングでの残債はいくらあるのかを購入前に必ず確認するようにしてください。この想定をしておくことで、収支を黒字にするための「売り時」を間違えずに、事業経営を行うことができるようになります。

7　エグジット（出口戦略）の描き方

収益物件の購入前にエグジット（出口戦略）を設定する

繰返しとなりますが、不動産賃貸事業では、収益物件の購入から売却までの合計収支が出て初めて成功か失敗かの判断ができます。そのため、購入時からエグジット（出口戦略）を描いている場合と、売却したい段階になって初めてエグジットを描く場合とでは、成功確率に差が出てしまいます。


ここでは、私が普段行っているエグジットの描き方についてご紹介します。

収益物件のエグジットを描く際には、私は10年後に売却することを前提として合計収支のシミュレーションを出します。もちろん、実際にすべての物件を10年後に売却するわけではありませんが、

【図表34　キャピタルゲイン・ロスの計算式】

キャピタルゲイン・ロス
＝売却価額－売却時残債－購入時・売却時諸経費

例えば10年後、20年後、30年後のように3つのエグジットを描いておき、市場が変わった際にその時点で売却した場合の損益をすぐに把握することができるようにしておきます。

太陽光売電事業と異なり不動産賃貸業は、長期間の売上が保証されているわけではありませんので、仮に一生所有し続けようと思っている物件であっても、購入時にエグジットを描いておき、いつでもエグジットできるようにしておくことが重要なのです。エグジットを描いておけば、将来の環境に変化があったとしても、売却する金額や時期の合理性を理解して、柔軟に対応することができるようにもなります。

合計収支のシミュレーション

まず、不動産賃貸事業の合計収支は、次の計算式から出します。

「全体収支　＝　キャピタルゲイン・ロス　＋　キャッシュフロー」

それでは、10年後に売却するという例でシミュレーションをしてみましょう。

キャピタルゲイン・ロスを出すために、「10年後の売却価格」を設定します。収益物件は、市場相場の利回りから割り戻して価格が設定されているため、売却価格は現在の市場利回りを参考に設定します。

【図表35　キャッシュフローの計算式】

キャッシュフロー
＝家賃収入－返済額－管理諸経費

例えば、新築物件を購入したのであれば、近隣で築10年の類似物件の利回りを確認し、同じ利回りを使って割り戻すことで、売却価格を設定します。築10年の類似物件の表面利回りが10％だとしたら、次の計算式で売却価格を算出します。

「売却価格　＝　10年後の年間家賃収入　÷　10％」

「10年後の家賃収入」は家賃の年間下落率を１％とし、10年後の場合は10％減少した数字を使います。

実際のところ、家賃の年間下落率は、ＲＣ造、木造など物件の構造や築年数、地域によって異なるため、詳細データがわかる場合は、その数字で計算してください。詳細データがわからない場合には、年間の下落率を１％として計算します。

そして、売却価額から「売却時に残っている返済額」と「購入時、売却時に発生する仲介手数料などの諸経費」を差し引きます（図表34参照）。

次に、10年間で手元に残るキャッシュフローの合計額を次の計算式で算出します。

「キャッシュフロー　＝　家賃　－　返済額　－管理諸経費（諸経費－　空室リスク　－　固定資産税）」

先ほどと同様、家賃は年間下落率を１％として、10年間分の計算をしてください。

なお、空室リスクは地域の特性を考慮し、諸経費は管理会社の手数料を確認した上で、できるだけ実際の数字を入れて計算してみてください（図表35参照）。

最後に、「キャピタルゲイン・ロス」と「キャッシュフロー」を足して10年後の合計収支を出します。

このシミュレーションによる合計収支が、投資価値として適正と判断できれば、収益物件を購入してもよいということになります。

新規事業の追加を考えたときに、「不動産賃貸業は難しいから無理」と思われている方も多いかもしれませんが、このように数字でエグジットを描けるようになれば、リスクを最小限に抑えることもできますし、ある程度リターンも予測できるため、ハードルは下がるのではないでしょうか。

何より、太陽光売電事業と比較しても、家賃収入という比較的安定した収益を生み出しつつ、最後の売却時にも利益を出せるというメリットがあるので、不労所得の割合を増やすためにもうまく取り入れていただきたい手法ではあります。

8　よい借金と悪い借金

優れた借金とはなにか

先ほど、効率の「よい所得」と「悪い所得」があるというお話をしましたが、借金にも「よい借金」と「悪い借金」があります。

世間一般的には、どうしても「借金は悪」、「できるだけ借金はつくらないほうがよい」という考えが大半を占めているかと思いますが、その考えにとらわれていると、不労所得を得る仕組みをつくることは難しくなります。

そこで、ここでは、皆様に「借金」に対するメンタルブロックを外してもらいたいと思います。

わかりやすく言うと、「よい借金」とは、収益物件の購入や起業時の資金繰りなどのような、将来に金銭的リターンを得られる借金のことで、「悪い借金」とは、マイホームやマイカー購入時のローンや、浪費のためのキャッシングのように、将来に金銭的リターンを得られない借金のことです。

「自宅は、金融機関から融資を受ける際に担保ともなる立派な資産なのに、なぜ悪い借金なんだ！」と思われるかもしれません。しかし、ここでご注意いただきたいのは、借金で得たモノが「資産になる・ならない」ではなく、「金銭的リターンを得られる・得られない」でよし悪しを判断している点だということです。

「よい借金」をもっと理解していただくために、不動産収益物件・太陽光発電設備を購入する際の借金を例にご説明します。

収益物件を購入する際に金融機関から融資を受けた場合、一般的には、入居者から支払われる家賃で借金の返済を行います。そして、通常は返済額を差し引いて余った家賃がキャッシュフローというリターンとして手元に残ります。

太陽光発電設備ですと大抵の場合は、月々の売電金額よりも少ない返済額になるように借入を行

【図表36　よい借金と悪い借金】

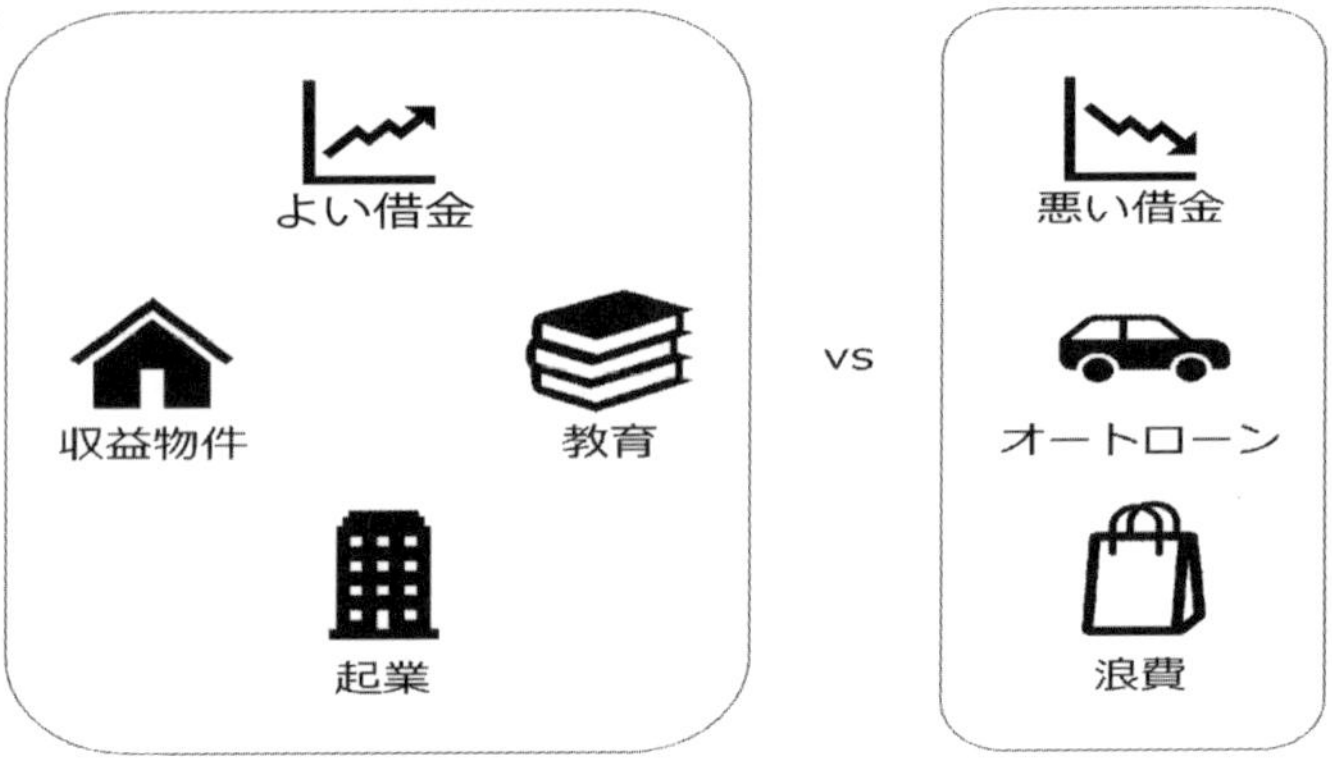

うため、こちらもキャッシュフローが残ります。

このようにリターンを得られる借金のことを「よい借金」と呼ぶのです。

なお、起業時の創業資金の借入も「よい借金」に当たりますが、こちらはリターンを得られる、つまり事業が軌道に乗り収益を上げられるようになるまでに時間がかかる可能性が高く、しかも、借金の返済をするのは自分です。その点を考えると、すぐに家賃収入という利益が得られ、さらに自分の代わりに入居者が返済をしてくれる収益物件のための借入や、発電開始後に借入金の返済が始まることが一般的な太陽光発電設備のための借入のほうがよりよい借金といえるでしょう。

これに対し、自宅や自家用車のための借入の場合は、固定資産として自分の資産にはなりますが、金銭的なリターンを得られるものではなく、さらに返済するのは自分です。ここが「悪い借金」と位置づけられる所以です（図表36参照）。

何となく社会通念的に「借金は悪いもの」「極力避けたほうがよいもの」と思ってきた方が多いかと思うのですが、「よい借金」をしないことは、実は大きな機会損失になっているのかもしれません。不動産収益物件、太陽光発電設備の場合は、自分自身が身銭を切って返済をしなくても、他人（物）が借金を返済してくれて、しかもリターンまで与えてくれます。

個人事業主の方は、あまり借金についてネガティブなイメージをお持ちではないかもしれませんが、もし「借金」に対するメンタルブロックがあるようでしたら、これを機会にぜひ1度考えてみてください。

今まで持っていた固定観念を捨てて、「借金」とは何かを正しく理解すれば、自ずと選択肢は増え、これからの人生設計にプラスに働くことでしょう。

よい借金をすると金の卵を産むガチョウを手に入れられる!?

ここで、1つ『よい借金』の例をご紹介します。

不動産収益物件を購入する場合、現金買いをされる方は少なく、大半の方は金融機関から融資を受けることになるかと思います。

例えば、日本政策金融公庫から1，000万円を10年間、2％の利率で借り入れた場合、月々の返済は約9・2万円となります。この1，000万円で家賃収入が10万円の中古収益物件を購入したとすると、自分の代わりに借主が家賃という形で月々の借金返済をしてくれ、かつ毎月8，

000円がキャッシュフローとして手元に入ります。しかも、返済が完了する10年後には、収益物件は自分の純粋な資産となり、さらに11年目以降には10万円の家賃は丸々収入となります（この計算は、イメージしやすいように頭金や諸経費、空室率などを割愛してわかりやすい数字にしています）。

つまり、「借金をするだけで、自分のお金は使っていないのに、新しい収入源をつくることができた」ということです。

不思議ではありませんか？　でも、これが『金の卵を産むガチョウ』をつくるということであり、このような借金がリターンを得られる『よい借金』なのです。

新しい事業を開始するというのは、その事業がうまくいくかどうか、いつから黒字にできるかなど、先が不透明な部分もありますので、個人事業主の方が既存の事業と並行して進めていくのは大変かもしれません。

しかし、不動産投資、特に現在賃貸中の物件を購入するオーナーチェンジならば、大体の収入の予測ができますので、物件の目利きさえできれば、リスクを最小限に抑えて、すぐに収益を生める新規事業を始めていただけることと思います。

判断プロセスを正確にしよう

借金の話からは少しずれますが、多くの人が「判断」をする「プロセス」を正確に行えていないのではないかと感じることがあります。

「判断」の精度を上げるためには、経験で得てきた知識量がものをいうのももちろんですが、情報などを多く集めてから、最終的に「判断」を下すことが「正しいプロセス」だと私は考えています。

こと借金に関しては、この「プロセス」をちゃんと踏まずに判断をしている人が多くいるように思います。

まずは、借金を「よい借金」と「悪い借金」に分けて考えられること、そして、借金をしたときのリスクの最大値を理解することが、判断を下すに当たっての「プロセス」として重要です。

「よい借金」と「悪い借金」については前述のとおりですので、次に「リスクの最大値」について説明をしたいと思います。

借金をしたときの最大のリスクは、ご想像のとおり、返済ができなくなり「自己破産」することです。ここまでを理解している人は多くいますが、では「自己破産をしたらどうなるのか」まで理解されていますでしょうか。

もし、「自己破産をしたらどうなるのか」をきちんと理解しないままで借金をする・しないの判断を下しているとしたら、それは「プロセス」を正確に行っていないということになります。

自己破産とは、ご存知のとおり経済的に立ち行かなくなった人が裁判所に申立てを行って、財産を清算することを指します。

申立て後に裁判所から免責許可決定が得られれば、借金をゼロにし、返済する義務を免れることができます。もちろん、手元にある財産はすべて清算されてしまうため、手元に数千万円や数億円ある人が自己破産をすることは大きな損害になりますが、巨額の資産を持たれていない方の場合の損害は限定的です。

なお、自己破産原因となる借金がギャンブルや浪費である場合には、裁判所から免責許可が得られないこともあります。

自己破産によるデメリットには、次のようなものがあります。

●ブラックリストに載り、借入やクレジットカード作成などが以後約5～10年間できなくなる
●住所氏名が「官報」という国が発行する機関誌に掲載される
●免責決定を受けるまでの約2～4か月ほどは、士業などの資格が必要な職種は制限される

いくつか細かな点は省きましたが、「借金」についての判断をするプロセスのためには、ここまで理解できていれば十分だと思います。

もちろん、自己破産をしないに越したことはありませんが、借金については「よい借金」「悪い借金」に分解して考え、「借金をしたときの最大のリスク（＝自己破産した場合のデメリット）」を理解し、その上でその借金により得られる効果（資産形成か浪費なのか）を加味して、「判断」をしてみてはいかがでしょうか。

資産形成により得られる効果が大きい中で、「判断のプロセス」をしっかりしないで「借金はしない」という「判断」を下していては、それは単なる機会損失になってしまうのかもしれません。

誤解のないように改めて強調させていただきますが、自己破産して借金を清算することはよいこ

とはいえません。

しかしながら、事業運営を行って経済を回そうと思った結果、どうしても借金で首が回らなくなった場合には、社会が用意した最後の救済策が「自己破産」であるということもぜひ忘れないでください。

9　不動産賃貸業を始めるには

不動産投資を事業経営に変える!!　資産形成術

ここまでで、現在の日本が位置する資本主義社会において、不動産賃貸業を始めるべき理由や、エグジットの描き方がわかるとリターンの予測がしやすいことをご理解いただけたのではないでしょうか。

最も重要なポイントをかいつまんでお伝えしましたが、不動産賃貸業は他にもいくつかのポイントを押さえて論理立てていくことにより、リスクを最小限に抑えて事業を開始できるようになります。

今回、ご紹介をしている事業の中で、もし不動産賃貸業に興味をお持ちになりましたら、実際の物件を探す方法や、どのように論理立てるのかについては、私の著書「不動産投資を事業経営に変える!!　資産産形成術」を参考にしていただければ幸いです。

迷ったら小さい規模から始めてみよう

とはいえ、不動産投資を始めたいと自力で勉強をしたり、セミナーに通ったりしていても、実際にはなかなか収益物件の購入に踏み出せていない人が多いようです。

しかし、残念ながらどんなに机上の知識を増やしていっても、当事者として身をもって経験を積まなければ、不動産賃貸業を成功させるためのロジックをきちんと理解することは難しいです。

不動産賃貸業を新規事業として始めるのであれば、小さい規模からでもよいので、まずは収益物件を購入し、走りながら実際に必要な手続を一通りこなしてみましょう。

「案ずるより産むが易し」ということわざもありますように、実際に経験してみたら心配していたほど不動産賃貸業は難しくはないかもしれません。もし想定どおりにいかず何かで失敗をしてしまったとしても、小さい規模で始めていれば損害は最小限に抑えられます。そして、その失敗は経験値となりますので、次の物件に活かすことができます。

それを繰り返していくことで成功のためのロジックを身につけることができるはずです。

第4章

まずは法人を設立して社長になろう

1　太陽光売電事業・不動産賃貸事業を始めるならすぐに法人をつくろう

法人設立のポイント

新規事業を立ち上げる案として、比較的リスクが高くなく、ある程度の利益を見込むことができる太陽光売電事業と不動産賃貸事業をご紹介しましたが、これらを事業として始めるのであれば、個人事業と法人をうまく使い分けて「効率経営」をするためにも、法人を設立することをおすすめします。

そこで、まずは法人の設立方法についてお話する前に、法人の種類、法人設立前に考えておいていただきたいポイントについてご説明します。

法人の種類を理解する

法人は、主に「株式会社」と「合同会社」に分かれ、株式会社の設立にかかる費用は21・5万円程度、合同会社の場合は6・5万円程度となります。その他ポイントとなる違いを図表37にまとめていますので、ご確認ください。

株式会社と合同会社の大きな違いは、株式会社は、出資割合に応じて出資者が株を保有し、その出資割合に応じて利益分配が行われるのに対し、合同会社は、利益分配の自由度が高く、出資割合

【図表37　法人の種類】

法人種類	株式会社	合同会社
出資者の責任	有限責任	有限責任
社長の肩書き	代表取締役	代表社員
組織構成	法律による	自由
利益配分	出資比率	自由
議決権	1株1議決権	1人1議決権
決算公告	必要	不要

とは異なる利益分配を決めることができる点です。

また、株式会社には決算公告の義務があり、官報などへ決算公告を行う必要がありますが、合同会社には決算公告は義務づけられていません。

その他、株式会社では1株1議決権のところ、合同会社では社員1人に対して1議決権となります。なお、合同会社の場合、「社員」とは、「出資者」のことで「被雇用者」のことではありません。出資額にかかわりなく、出資者1人に1議決権が与えられます。定款で議決権の割合を変えることも可能ですが、特に定めがない場合には、例えば夫婦、友人など2人で出資をすると各々1議決権を持つことになります。この場合、2人の間で意見の相違が起こってしまうと会社として前に進むことができなくなる可能性があるので、注意が必要です。

定款で代表者に議決権の3分の2を与えるように指定することもできるので、場合によってはそのような定款を作成するようにしてください。

株式会社と合同会社の違いをよく理解し、どちらで法人をつくるべきか、十分に比較検討をすることが重要です。

2　法人のプロパーローン（事業性融資）

法人に信用をつける

個人事業にしても、法人にしても、「よい借金」をすることは、事業拡大にとって欠かせない重要事項です。日本では、「無借金経営」を称える風潮がありますが、先にも述べましたとおり、「よい借金」という考え方もあるので、事業拡大を目指すなら積極的に融資を受けていくのもよいでしょう。

一般的に法人の場合は、2期（金融機関によっては3期）連続で黒字決算にすると、その法人自体に信用がつき、プロパーローン（事業性融資）が受けられるようになります。ただし、「2期」という「期間」の定義だけでいうと、決算期を変更すれば期間を短くできてしまうため、もう1つの条件として「24か月以上の実績」が求められます。

例えば不動産賃貸業を始める場合、今すぐに法人を設立して、決算期直前の11か月目に収益物件を取得し、うまくいってこの期を黒字にすることができれば、最短で3期目から融資を受けられる可能性が出てきます。

よい収益物件を見つけられず、売上が立たないまま赤字決算になってしまう可能性ももちろんありますが、その場合は赤字貯金にできますので、あらかじめ法人をつくっておくことは決して無駄ではありません。

もし個人事業主としてすでに収益物件などをお持ちであれば、その物件を管理する会社として法人を設立するのも1つの方法です。周辺の競合物件との家賃の調査や月に1度の清掃業務のような「管理業務」を発注して法人の売上とすれば、1期目から法人を黒字決算にできます。

今すぐプロパーローンが必要ではなくても、後々融資を受けやすくするために、法人に信用をつけることは大切なことです。

3　どの金融機関を使うべきか

信用金庫との関係性が重要

太陽光発電設備購入のための融資の場合、太陽光発電を販売する業者からジャックスやアプラスなどの信販会社（ノンバンク）を紹介されることが多いです。そのため、ご自身で金融機関を開拓する必要はあまりないでしょう。

不動産賃貸事業を始める場合には、自己資金で物件を購入することもできますが、一般的には金融機関から融資を受けることになるので、ここでは不動産投資のパートナーとして欠かせない、金融機関の種類や違いについて整理していきます。

金融機関の種類には、都市銀行（メガバンク）、信託銀行、地銀（地方銀行）、第二地銀（第二地方銀行)、信金(信用金庫)、信組(信用組合)、公庫(政策金融公庫)、中金(商工組合中央金庫)、ノンバンク系などがあります。

カテゴリーとしては、公庫や中金のような「政策金融機関」か、その他の「民間金融機関」かに分かれ、さらに民間金融機関の中でも、「銀行」とつくかどうかによってその属性が分かれます。

この属性の違いは何かというと、「銀行」がつく金融機関は、地域をまたいで営業することができるのに対し、信金、信組などの「銀行」とつかない金融機関は、営業できる地域が限定される点にあります。

例えば、私がお世話になっている横浜信用金庫の営業地域は、神奈川県と一部の東京都に限定されており、「関東全域」のように地域をまたいだ営業活動はできません。

このような営業活動範囲の違いから、信金、信組は融資先が地場の企業や個人に限定されるため、創業間もない零細企業や決算書の数字が少し悪い企業であっても支援をしようと努力してくれます。

それに比べると、銀行系は地域をまたいで営業活動を行えるため、わざわざ決算書の数字が悪い企業にお金を貸そうとはせず、零細企業などもあまり相手にしない傾向があります。

つまり、新規事業のために新たに法人を設立するならば、よい関係をつくっていくべきは信金・信組がメインとなります(図表38参照)。

もし、個人事業の方の融資などですでに良好な関係を築いている金融機関がありましたら、そこ

【図表 38　金融機関の種類】

金融機関	重視する点
都市銀行 地方銀行	収益性と効率を重視
第二地方銀行 信用金庫 信用組合	関係性を重視

との関係をさらに強化していくとよいでしょう。

個人の属性と金融機関の幅

次に、不動産収益物件の購入では個人も法人も属性（確定申告書または決算書）により、利用できる金融機関の幅が変わります。

属性が高い人であれば、都市銀行の中でもメガバンク（三菱東京ＵＦＪ銀行、みずほ銀行、三井住友銀行、りそな銀行）や信託銀行から融資を受けることができますが、多くの方は、地銀、信金、組合、ノンバンク系から融資を受けることになるでしょう。

属性が低い人は、民間の金融機関からでは融資が受けにくい場合もありますが、公庫や中金といった政策金融機関であれば融資を受けることができます。

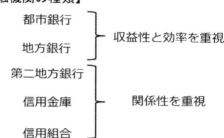

ただし、公庫や中金から融資を受ける場合は、金利は低くてよい反面、融資期間が短く設定されることが多く、キャッシュフローは少なくなる傾向がありますので注意が必要です。

金利や融資期間といった融資条件も重要ですが、長期的に考えると、営業活動が地域に根差しており、長いお付合いができる信金を開拓するとよいでしょう。

融資を検討する際には、信金→地銀→組合→ノンバンク系→公庫→中金の順に相談をしてみるようにしてください。

4　信用金庫を開拓する

まずは取引実績をつくる

個人事業主として不動産収益物件を購入する場合、アパートローンの融資額の限度は、年収の20倍程度となります。しかし、これだけでは不動産賃貸事業の規模を拡大していくには限界があるので、やはり資産管理用に法人を設立して別途融資を受け、規模を増やしていくほうがよいでしょう。その場合に頼りになるのが、先にも述べた地場の零細企業を支援し、長期的な関係を築いてくれる信用金庫です。

信用金庫は、「信用」と名がつくだけあり、取引実績により「信用」をつくることができれば、融資金額、期間や金利などの条件も変わってきます。

新設法人で取引実績をつくる場合には、次の方法があります。
①　口座をつくり預金取引を始める
②　少額融資を受けて返済実績をつくる

①は、口座をつくること自体に意味があるので、「預金取引」といっても特に何かをするわけではありません。②の「返済実績をつくる」場合は、返済期間は短く、50万円などの少額でよいので、事業向け融資を受けてきちんと返済をしていきます。そうすることで、信金に対して信用をつくることができます。

また、金融機関の担当者とお付合いを続けていくと、クレジットカードの作成や保険加入のお願いをされることがあります。そんなときには、一方的に拒否するのではなく、可能な範囲でクレジットカードの作成や保険に加入してみましょう。これにより、担当者と個人的に信用をつくっていくこともできます。

信金以外の金融機関にもいえることですが、融資の一次窓口である担当者と個人的に良好な関係が築けていると、融資審査のスピードや条件面で有利になる場合があるので、無理のない範囲で担当者のお願いに応えるというのも1つの方法です。

この他、資産管理法人の決算書ができあがったら、郵送するだけではなく、窓口に直接出向き、担当者や貸付担当役席（融資責任者）に決算状況の説明をすることも大切です。事業に対する姿勢を直に伝えることができ、融資審査の際にプラスになることもあります。

よきビジネスパートナーとして、融資責任者と長期的かつ良好な関係を築くことは非常に大切ですので、貸付担当役席とコネクションがなければ、担当者と良好な関係を築いた後に紹介をしてもらいましょう。

なお、数ある信金の中には、不動産投資に前向きな信金もあり、個人事業主として属性が高い人であれば、法人としての取引実績がなくとも、物件により高額融資をしてくれるところもあります。

まずは、地元の信金を1つずつ回り、長くお付合いができそうなところを見つけてください。

創業時の強い味方、政策金融公庫

各金融機関の融資条件は、経済状況や政府の政策により大きく変動することがあるため、実際にはお近くの金融機関にてご確認いただくことになりますが、ここでは融資条件に変化が少なく、あまり属性が高くない自営業（個人事業主）の方でも融資を受けることができる公庫（政策金融公庫）について触れたいと思います。

公庫は、事業運営計画として「国の政策に基づき、創業・新事業、事業再生、事業継承、ソーシャルビジネス、海外展開および農林水産業の新たな展開への支援など、成長戦略分野等に対する積極的な対応」を掲げています。そのため、法人を立ち上げたばかりの頃でも、比較的融資を受けやすい金融機関といえます。

ただし、先述のとおり、融資期間などの条件については他の金融機関と比べて厳しめの部分もあります。属性により多少は異なりますが、例えば不動産賃貸業を始めて収益物件を購入しようとする場合、金利は1％台と低いものの、融資期間は「15年」または「残存の法定耐用年数」のいずれか短いほうになることが多いです。

もちろん、状況によっては金利が１％を切ることも、融資期間が15年以上出ることもありますので、あくまで多くの方に適用される一般的な条件として参考にしてください。

ちなみに、公庫以外の金融機関の場合には、「残存耐用年数」を融資期間として融資を受けることが可能です。例えば、事業用（収益物件）の木造建物の法定耐用年数は22年なので、築３年の物件であれば残存耐用年数が19年となり、融資期間も19年になります。

ところが、同じ物件だとしても、公庫の融資期間は「15年または残存耐用年数のいずれか短いほう」となるため、「19年」ではなく「15年」となります。そうすると、年間の返済額が多くなるので、必然的にキャッシュフローは少なくなってしまいます。

このように、融資期間の面では条件の厳しい公庫ですが、融資の上限額は4，８００万円と一棟アパートも購入できる金額です。たとえキャッシュフローが少なくても、毎月の家賃収入で返済を補うことができるのであれば、物件自体は純資産化されていくというメリットはあります。返済期間が短く、キャッシュフローが少なくなるといったデメリットを理解した上で収支計画を立て、公庫を利用するのであれば何も問題はありません。

なお、公庫から融資を受ける場合には、必ず担当者と数回面談をする必要があります。そこでは賃貸事業経営をしていく経営者としての資質が問われることになりますので、事前に返済額やキャッシュフローの計算などをしておいて、何を聞かれても資料を見ずに答えられるようにしておくことが重要です。

5　経営セーフティ共済（中小企業倒産防止共済）で節税

簿外プールをつくる

「簿外プール」とは、あまり聞き馴れない言葉だと思いますが、「帳簿上は資産として載せていないけれど、実際には持っている資産」のことです。

これだけ聞くと、「帳簿には載せずに隠している資産？」と悪いイメージに取られそうですが、そうではありません。この簿外プールの一例が「経営セーフティ共済掛金」です。

「経営セーフティ共済掛金」は、実際には帳簿外で積立てをしているけれど、積立てのために支払った掛金を経費として計上できることが特徴で、予想以上に利益が出過ぎてしまった年などの節税ツールとして有効です。なお、特定期間以上の積立て後であれば、解約手当金として全額返金を受けることが可能となります。

経営セーフティ共済

この経営セーフティ共済（中小企業倒産防止共済制度）は、取引先の事業者が倒産した際に自分の会社まで経営難に陥ったり、連鎖倒産したりすることを防ぐための制度です。

継続して1年以上事業を行っている中小企業や個人事業主（製造業・建設業・運輸業・卸売業・

サービス業など）に加入資格があるのですが、そもそも取引先の倒産などの不測の事態が起こった際に、速やかに必要な資金の借入ができるようにするための共済制度のため、個人の確定申告で給与収入以外の収入が「不動産収入」のみの方の場合には、経営セーフティ共済に加入して掛金を納めても、その掛金を「必要経費」扱いとすることができません。

そのため、個人事業主で事業内容が不動産賃貸業だけの人が入るメリットはありません。ただし、法人で不動産賃貸業をされている場合には、掛金を経費とすることができます。

不動産賃貸以外で加入資格のある事業をされている方の場合は、個人事業主・法人にかかわらず、支払った掛金を経費扱いでき、さらにその掛金を簿外に貯めておくことができるので、予想以上に利益が出てしまって節税をしたい場合には加入をおすすめします。

しかも、約1年分の掛金をまとめて支払うこともできるため、決算年度の利益が見えた頃に、節税のために加入して利益をコントロールすることができます。その場合には、決算月の前月前半に翌11か月分の先払いをすることで決算年度中に経費としましょう。

なお、掛金は、月額5，０００円から上限20万円までの範囲で自由に決めることができます。上限金額は８００万円までとなり、40か月以上掛金を積み立てていると、解約手当金として掛金全額の返金を受けることができる仕組みです。

しかし、任意解約をすると積立期間が12か月未満の場合には掛捨て、12か月以上40か月未満の場合には期間に応じて80～95％の返金となりますので、その点はご注意ください。

とはいえ、掛金の金額は、申請書を提出すれば途中で変更することができ、変更することによるデメリットは特にありませんので、40か月以上掛金を納めること自体はそれほど無理なことではないかと思います。

もう1つの注意点としては、解約手当金が返金を受けた年の「利益」として扱われてしまうことが挙げられます。利益が多いために始めた簿外プールなのにもかかわらず、返金が結局利益として扱われ、将来的に課税されてしまうのでは意味がないので、返金を受けるタイミングは新たな物件を購入するなどの支出の多い年度にして、利益と費用を相殺するとよいでしょう。

ここまでにセーフティ共済に入るメリットをお伝えしましたが、法人設立後に融資を受けて事業規模を拡大していく時期であれば、利益を簿外プールとすることは、デメリットになる可能性もあります。なぜなら、利益を「帳簿外」に預けてしまうことにより、損益計算書の「当期純利益」や貸借対照表の「利益剰余金」の金額が減ってしまうと、金融機関から「儲かっていない会社」と見られてしまい、融資を引き出せなくなる可能性があるからです。セーフティ共済へ加入するかどうかは、1期だけでの結果で決めるのではなく、長期的な視点から決めることが重要です。

6　役員退職金を上手に活用

解約手当金はその事業年度の経費で相殺する

繰返しとなりますが、経営セーフティ共済の解約手当金は、返金を受けた年の利益として扱われ

【図表 39　退職所得控除計算表】

勤続年数（A）	退職所得控除額
２０年以下	４０万円×A
２０年超	８００万円＋７０万円×（A-20年）

るため、利益に対しては法人税がかかり、結果として経営セーフティ共済は税金の繰延べ（先伸ばし）というイメージになります。

そこで、新たな収益物件の購入や大きな経費を使うときに合わせて返金を受けるとよいというお話をしましたが、もし大きな経費を使う予定がない場合には、同年度に役員退職金を支払うという方法もあります。

ご自身か親族が社長を辞任して会長職に就いたり、常勤役員から非常勤役員に変更したり、実際に役員を退職したりすることで返金を受け取る年に退職金を発生させれば、「役員退職金」という経費で利益を相殺することができます。

しかも、役員退職金の所得については税優遇措置があり、例えば20年間役員を務めて８００万円の退職所得を得た場合の税金はゼロ円になります。そのため受け取る側の所得が高くなり課税される心配もありません。

ただし、退職所得控除よりも大きい額の退職金を支払う場合には課税されてしまうので、金額には注意してください（図表39参照）。

また、同族会社で、代替わりにより社長を辞めて会長になるような「分掌変更」による退職金とする場合にも注意が必要です。

「分掌変更」とは、代表取締役などが会長職などに退きながらも会社には在職している状態のことですが、「役員退職金」が認められるためには、実質的に経営から退いていることが必須となります。会長職になりながらも、実は単に肩書を変更しただけで会社の経営に深く関与している場合などは、「実質的に退職したと同様の事情」とは認められず、税務調査が入ったときに、経費として計上していた「役員退職金」が経費として認められず、代わりに「役員賞与」として扱わなければならなくなる可能性があります。

さらに、受け取った側も退職所得控除を元に計算されていた税額が給与所得として計算し直されるため、税金の支払いが発生してしまう場合があります。

このような注意点はあるものの、経営セーフティ共済は、返金を受け取る前にきちんと確認して適切な処理を行えば、大きな節税につながる有効なツールです。

なお、先にご紹介した小規模企業共済の解約返戻金も同じく所得として扱われるため、税金を抑えるためには経営セーフティ共済と同じタイミングで返戻金を受け取り、退職所得にするなど、うまく活用しましょう。

7 法人の設立方法

法人は1週間でつくれる

様々な税制上の仕組みを考えると、やはり新規事業として不動産賃貸業や太陽光売電事業を始める場合には、個人事業側と2足のワラジにして相乗効果でイイトコ取りができるように法人を設立することをおすすめします。

そこで、ここからは、法人を立ち上げる際に実際には何をする必要があるかをご紹介します。「法人の種類を理解する」ところでお伝えしましたが、「株式会社」と「合同会社」の違いをよく比較していただき、まずはどちらを設立するか決めてください。

費用に関しては、合同会社で６・５万円ほど、株式会社で21・５万円ほどの設立費用がかかりますが、それ以外にも売上がなくても必ずかかる費用として法人住民税の７・５万円程度があります。また、代表印や印紙代など細々した経費もかかりますので、こちらも頭に入れておいてください。

実際の法人設立方法にはいろいろなやり方がありますが、比較的簡単な方法は、次にご紹介するウェブサイト上で順に項目を入力していくものです。所要時間１時間程度で、法人登記に必要な書類を一通り作成できます。印鑑証明用の印鑑の手配や、法務局への書類提出などを含めると１週間程度はかかりますが、そこまで大変な作業ではありません。

●会社設立ひとりでできるもん（https://www.hitodeki.com）

●会計ソフトFreee（https://k.secure.freee.co.jp/）

なお、２００６年の法改正により、資本金は１円からでも法人を設立できるようになりましたが、少なくとも１００万円以上にすることをおすすめします。資本金は当面の運転資金にもなりますし、あまり少なくしてしまうと融資をお願いする際に金融機関からの信用を得にくくなってしまうこともあるためです。

「資本金は、常に預金状態にしておかなければいけない」と思われている方も多いようですが、登記後に法人の預金口座に入れておく必要はありません。とはいえ、多ければ多いほどよいかというとそうでもなく、資本金が1，000万円を超えると消費税課税事業者になってしまうため、100万円以上で1，000万円を超えないくらいで設定するとよいでしょう。

事業内容の玉石混交はＮＧ

法人設立の際に、1つポイントとなるのが定款です。

定款には、①絶対的、②相対的、③任意的の3種類の記載事項がありますが、事業内容（目的）は①絶対的記載事項に該当し、登記後に事業内容を追加したり変更したりする場合には、「定款の変更手続」と「目的の変更登記」が必要になり、最低でも6万円ほど費用がかかります。

そのため、最初に定款をつくる際に事業内容を「思いつく限り入れておいたほうがよい」という方がいますが、太陽光発電設備や収益物件の資産管理会社においてそれは正しくありません。

その理由は、事業内容が多岐に渡っている場合、金融機関から見たときに企業として何をやりたいのかが不明瞭に見え、どの事業に力を入れているのかわからず、融資などが受けにくくなる場合があるからです。

例えば、資本金100万円の法人で、定款の事業内容に「不動産賃貸、太陽光売電、飲食、ＩＴ、ゲーム開発、自動車販売、営業代行、翻訳」のように関連性の低い事業が複数記載されていたとします。その法人が仮に不動産賃貸業のために事業融資を受けたいと申し出ても、金融機関から見ると不動産賃貸業から得た利益を他の事業に回してしまわないかと勘繰られてしまい、与信枠一杯に借りられないことがあるのです。

金融機関の立場から見たら、複数の事業を行っている会社は、不動産事業で得た収益を他の事業に注ぎ込んで返済計画が狂ってしまうというリスクがあるため、嫌厭してしまうのも無理のない話です。

また、取引先から見ても、先述のような関係性の薄い事業を定款に載せているようだと、与信審査をする本社部門の人から「怪しい会社」と判断されてしまう可能性もあります。大切な商談をする際に、会社の実力ではなく定款の内容で相手から断られてしまうのでは本末転倒です。

その意味では、定款の事業目的を玉石混交にすることはデメリットのほうが多く、将来的な規模拡大のための足かせになってしまう可能性があります。特に新設の会社で収益物件などを購入するということは、事業実績のほぼない会社で融資を受けることになるため、事業内容自体は次のようにシンプルにしておきましょう。

①　不動産の所有、賃貸および管理
②　太陽光売電など再生可能エネルギーの販売
③　上記に付帯する一切の事業

③の記述により、①②に関連した業務はできるようになります。

もし他の事業もやりたいのであれば、別途会社をつくることをおすすめします。

私も現時点で実質的経営権を握っている会社を3社持っていますが、2社は事業目的をシンプルにして、1社は玉石混交にして使い勝手をよくしています。

本社所在地に注意

法人の登記をする際は、本社所在地にも注意が必要です。

店舗などを借りて行う事業でない限り、一般的には自宅を本社とすることが多いと思いますが、自宅が賃貸マンション・借家などの場合ですと、物件オーナーと結んでいる賃貸借契約書が「居住としての使用に限定する」や「個人利用に限る」などの記載になっていることがあります。

法人で融資を受ける際には、金融機関から賃貸借契約書の提示を求められることがあり、その物件が「法人事務所」にはできない契約だと銀行の審査が通らない可能性があるので、事前に契約書の内容を確認しておいてください。

そこまで確認しない金融機関もありますが、自宅が賃貸物件の場合には、まずは融資を受ける予定の銀行に確認をし、賃貸借契約の文言を変える必要がある場合には、物件のオーナーに理由を説明して改めて契約を結び直すことになります。

物件オーナーと折合いがつかず、自宅を本社にできない場合には、バーチャルオフィスやレンタルオフィスで登記することも可能です。

バーチャルオフィスを選ぶ際には、同じ事務所内にレンタルオフィスを構えているところを選択すると、金融機関や保証協会の人との面談などでオフィスを確認したいと言われたときにも対応ができて便利です。

初めて保証協会を使う際には、「オフィス所在地」で面談を求められる場合があるのですが、オフィス以外での面談を希望すると面談不可となってしまい、保証協会の承認が下りないこともあるので、レンタルオフィス併設の事務所を選ぶようにしましょう。

法人の通帳をつくる際の注意点

法人設立後に通帳を作成することになるかと思いますが、むやみに法人の通帳をつくることはおすすめしません。

なぜなら、１度通帳を作成すると、正当な理由がなければ支店を変更できなくなるため、融資に積極的ではない支店で口座をつくってしまうと、選択肢を狭めることになりかねないからです。同じ金融機関でも、支店や担当者によって融資への姿勢は変わることがあるので、通帳は融資を打診して承認を得たときに増やしていくのが得策です。

また、決算期になると税理士の先生に最新の通帳記帳のコピーを求められるため、複数の通帳を持っていると金融機関を走り回らなくてはいけなくなります。手間を増やしたくなければ、通帳の数は最低限にしておくのがよいでしょう。

8　社会保険の加入方法

社会保険の加入義務

ここでは、社会保険への加入方法について説明していきます。

法人から役員報酬として給与を受け取ると、その法人は社会保険の「強制適用事業所」の対象法人となるため、社会保険に加入しなくてはいけません。

社会保険の加入は自分で手続するのは難しく、手間がかかるので社労士にお願いしなくてはいけないとお考えの方が多いかと思いますが、実はそれほど手間なく、簡単に加入手続を行うことができます。

前述の「強制適用事業所」の対象法人となった場合、法人は5日以内に次の書類を日本年金機構へ提出する必要があります。

- ●健康保険・厚生年金保険新規適用届
- ●健康保険被保険者資格取得届
- ●扶養者（異動）届（国民年金第3被保険者関係届）※被保険者に扶養家族がいる場合
- ●保険料口座振込納付（変更）申出書

各種書類は、日本年金機構のホームページ（https://www.nenkin.go.jp/shinsei/ichiran.html）からダウンロードして、「法人の登記簿謄本（原本）」を添付し、郵送・電子申請または窓口で申請をすることができます。

後日、「新たに加入した健康保険証」を受け取ることになりますが、それまでの間の医療費は実費で1度精算いただくとスムーズです。

代替で社会保険に加入する前に使用していた国民健康保険証を使うこともできますが、実際には資格喪失しているため、国民健康保険の負担となった医療費を返還し、新たに加入した社会保険として請求するなどといった手間が発生してしまいます。

次に、国民健康保険の脱退手続が必要になります。国民年金は自動的に切り替わるので、脱退手続は不要ですが、国民健康保険は脱退手続を忘れると、社会保険料と重複して支払いが発生してしまいます。

新しい健康保険証を受け取ったら、次の書類を用意して市区町村へ郵送または窓口にて手続を行ってください。

●新たに加入した健康保険証
●新たに加入した扶養家族分の健康保険証　※被保険者に扶養家族がいる場合
●今まで使っていた国民健康保険証（原本）
●本人確認書類（運転免許証またはパスポートなど）
●マイナンバーカード
●印鑑

9　10年間の住宅ローン控除が終わっても経費にできる

意外と知られていない住宅ローン控除後の減価償却への切替え

住宅ローン控除が終わってしまうと、その後は節税ができないと考えられている方が多くいますが、事務所兼用として使っている場合は、住宅ローン控除が終わってしまった後も減価償却費に切り替えることで、家事按分の50％程度は経費として計上することができます。

自宅は、収益物件に比較すると元々耐用年数が長いため、未償却部分が多く残っています。減価償却費は「魔法の経費」ですので、自宅を会社と兼用されている方は、面倒がらずに減価償却をうまく利用してください。

また、自宅を事業として使用している状態であれば、火災保険、住宅ローンの支払利息、固定資産税なども按分して経費にできます。

10　団体信用生命保険で家族を守る

意外と知らない団体信用生命保険のメリット

マイホーム購入時の住宅ローンを組む際によく加入する団体信用生命保険については、ご存知の方も多いかもしれませんが、最後にこちらのメリットをご説明します。

団体信用生命保険は一般的には団信と呼ばれ、物件を購入した債務者本人が死亡したときに、購入した物件の残債務が生命保険で支払われて完済される保険です。

マイホーム購入だけでなく、収益物件の購入時にも、金融機関から融資を受ける際に団信に加入するか連帯保証人をつけるかを求められることがあります。マイホームと同じ考え方ですが、収益物件購入後に債務者が何らかの理由で死亡してしまうと、残された家族が借金を負うことになってしまうので、選択できる場合にはできるだけ団信に入ることをおすすめします。なお、団信には2億円程度まで加入できます。

収益物件のよいところは、家族にその物件（資産）を相続できるだけでなく、家賃収入も残せる点です。例えば、妻と幼い子供がいたとしても、家賃という収入源があれば、生活費などに対する不安を減らすことができます。

実際に、私も1億円の物件の購入をした際に団信に加入しました。たとえ自分が事故で突然死亡したとしても、家族には物件と年間1，０００万円の家賃収入を残すことができます。固定資産税や諸経費などを差し引いても８００万円程度は残るため、子供の養育費を含めたとしても、不自由なく生活していけることと思います。「将来のための保険」として、これだけの収益を生む資産を家族に残せるということも、不動産賃貸事業の大きなメリットだと考えています。

団信のデメリットは、金利が０・３％程度上がり、キャッシュフローが少なくなる点ですが、「自分の死後も家族が路頭に迷うことがなく、家賃収入により毎月安定した収入を得られる」ことを考えると、メリットのほうが大きいと思います。

なお、相続した物件をすぐに売却することもできますが、その場合は残った現金を消費していくだけになるため、通常の生命保険と変わらなくなってしまいます。

11　法人を設立して事業家になる

事業家としての経験を積む

どうして私がこれほど法人をつくることをおすすめするかというと、「事業家としての経験を積める」ことのメリットが非常に大きいと感じているからです。経営者として責任を持って黒字になるように事業を行い、決算書を把握して金融機関から融資を引き出して事業を拡大することを繰り返していくうちに、税金や節税の知識も身につき、事業家としての目線を持てるようになっていくのだと思います。

この経験値はどんな机上の知識よりも優れたものです。私は、仕事上いろいろな職業の方とお話をする機会がありますが、「頭がよくて成功している」と尊敬する人たちには、常に当事者意識を持って、自分の力で事を成し遂げてきている事業家が多いです。

常に経営者としての視点を持つように心がけ、実務経験を積んで事業を成功させましょう。

第5章　確定申告書・決算書の書き方

1　融資を受けるための確定申告書・決算書の書き方

融資を受けやすくする「確定申告書」の書き方

第4章では、法人をつくったとしても、個人事業は継続されることがおすすめであるとお伝えしました。そこで、ここでは個人事業主側で不動産や太陽光発電設備（土地）を購入した際に、個人の確定申告書作成で気をつけたいポイントについてご説明します。

不動産購入時や太陽光発電設備（土地）購入時には、不動産取得税、仲介手数料、登記費用などの諸経費がかかりますが、それらを経費計上することで、不動産収入や事業所得、給与所得などの所得と損益通算ができ、所得税や住民税の節税につながります。

ただし、損益通算による節税のために何でもかんでも経費にすることが必ずしも正しいわけではありません。不動産投資・太陽光売電投資の大きなメリットの1つが「節税」であることは確かですが、確定申告書が赤字になり、金融機関から「採算が取れていない」と判断されてしまうと、それ以降融資を受けられなくなってしまう可能性があり、それでは本末転倒です。継続して融資を引き出すためにも、確定申告書の書き方は非常に重要です。

はじめにお伝えしますと、事業規模拡大に必要な融資を受けるためにも、確定申告書は「売上高＋減価償却費－支出＝黒字」であることが望ましい書き方になります。

この「売上高＋減価償却費－支出」による黒字が微々たるものか、赤字になるような状態ですと、物件購入の融資が受けにくくなってしまうことがあります。青色申告の場合には、赤字を３年間繰り越すことはできますが、規模の拡大を視野に入れている場合には、確定申告書は黒字にしておくほうが賢明です。

また、登記費用や不動産取得税を確定申告書の「租税公課欄」に入れてしまうと、毎年かかる一般的な経費の「租税公課」と一緒くたに見えてしまい、金融機関から「この事業は利益が出ない」と判断されてしまうこともあります。それを回避するためにも、登記費用などは、「不動産などの取得における一過性の経費」と明示する必要があります。

そこで、必要経費の項目に新たに「不動産など取得費用」を追加して、不動産取得用にかかった経費を「租税公課」とは別であると、はっきりとわかるようにするとよいでしょう。

言うまでもなく、金融機関における融資審査の上で、確定申告書や決算書は非常に重要なチェック項目です。「不動産などの取得における一過性の経費」と明示しておくだけで、審査が通りやすくなる場合がありますので、確定申告書作成の際には忘れずにこのひと手間をかけてみてください。

金融機関によっては、「一過性であろうとなかろうと経費は経費」として「その年の収支が赤字である以上融資は出せません」というところもあるかと思います。しかし、根気よく複数の金融機関を当たれば、融資を出してくれるところが見つかるかもしれません。

なぜ、私がこれほどまでに確定申告書の書き方についてこだわるかというと、友人の失敗談があるからです。東証一部上場企業に10年以上勤務しているこの友人は、個人の属性からすれば本来アパートローンで2億円近くまでは組めるはずなのですが、投資用に購入した3，000万円の区分マンションの利回りが低かったことと、確定申告で「一過性の経費」と明記しなかったために「売上高＋減価償却費－支出＝黒字」とできず、翌年に自宅のリフォームをしようとした際に、300万円のリフォームローンの審査すらも通りませんでした。

1度金融機関の融資が通らないとなると、1～2年待って確定申告書を黒字にすることで与信を回復させるか、他の金融機関を回って確定申告書の内容を説明し、融資を出してくれるところを探すしかありません。

必要なときに必要な額の融資が受けられないということは、事業をしていく上でとても大きな機会損失になります。同じ轍を踏まないよう、金融機関に好印象を持ってもらえるような確定申告書を作成しましょう。

融資を受けやすくする「決算書」の書き方

次に、法人で不動産や太陽光発電設備（土地）を購入した際の決算書についてご説明します。

法人の場合は、一般的に2期連続黒字（かつ24か月以上の事業実績）にできれば、融資が受けやすくなると言われています。

法人の決算書は、個人の確定申告よりもずっと複雑なため、税理士の先生にお願いしている場合も多いかと思いますが、税理士にお任せしているから自分は何もできることはないというわけではありません。

個人の確定申告書のところでご説明したとおり、物件を購入した際には必ず不動産取得費用（仲介手数料、不動産取得税など）で経費が大きく出ます。この不動産取得費用は、個人事業主の場合は「一括損金」として計上することしかできませんが、法人の場合だと取得費用の一部は「一括損金」にするか、「資産」として計上するかを選ぶことができます。

少しややこしいので、細かくご説明します。

不動産や太陽光発電設備などの減価償却資産を取得した場合、原則的には「その資産の購入代価」と「付随費用」を合わせた額が「取得価額」となり、これを決められた耐用年数で減価償却をして損金（経費）とします。

この取得価額に含めなければいけない（＝一括損金扱いしてはいけない）「付随費用」には、次のようなものがあります。

●事業に供するために直接要した費用（据付費、機械などの試運転費など）
●資産購入のために要した費用（引取運賃、荷役費、運送保険料、購入手数料、固定資産税、都市計画税、関税など）

そして、「租税公課」である「不動産取得税」や「登録免許税その他登記または登録のために要する費用」に関しては、取得価額に含めて「資産」としても、「一括損金」にしてもよいことになっています。

また、固定資産取得のための「印紙代」や「司法書士などへの報酬」については、「一括損金」でよいことにはなっているのですが、ケースバイケースで税務署から取得価額に算入するように指示がある場合もあります。1度申告をした後に修正申告をするとなると手間ですので、気になる場合は事前に個別に税務署に確認することをおすすめします。

なお、不動産購入時の「仲介手数料」は、「手数料」という名前から経費だと誤解しがちですが、取得価額に含めるべき「付随費用」となります。税理士に決算書作成を依頼されている場合は、特に問題はないかもしれませんが、ご自身で決算書を作成する際にはご注意ください。

そして、肝心の「一括損金」にするほうがよいのか、「資産」にするほうがよいのかについてですが、金融機関によって見方は変わってくるものの、複数の金融機関から有利に融資を受けていきたければ、「資産」として計上することをおすすめします。

どちらの節税効果が高いかという点については、一括損金にして初年度に経費扱いとするのか、資産にして減価償却で時間をかけて経費としていくのかの違いなだけのため、実は最終的な節税効果にあまり変わりはありません。

ただし、例えば300万円の売上のある年に、新たに残存法定耐用年数が10年の物件を購入し、不動産取得費用が500万円かかった場合、一括損金にすると収支を圧迫して最終的な収支は赤字になり得ますが、資産計上するならば年に50万円の減価償却費がかかるだけとなり、決算書を黒字に終わらせられる可能性があります（簡潔にするため、その他の経費は割愛しています）。
「お金の現在正味価値」というファイナンスの原理原則には反していますが、事業規模を拡大していきたいと考えるのであれば、金融機関から融資を得るためにも、決算書は2期連続黒字にしたほうが望ましいので、「一括損金」よりも「資産」にするほうが効率はよいといえるでしょう。

2 シンガポール式「財務諸表」の銀行評価を上げるポイント

狙って取りに行く

話は少し変わって、シンガポールは、現在アジアの中で学力が1位だと評価されているのですが、あれは実は「シンガポール政府が戦略的に評価を上げに行っている」ことが背景にあります。実際の学力が高いというよりは、例えば評価の対象となる大学教員の女性比率が○％以上、年間の論文数○以上、外国人留学生受入比率○％以上などの数字を狙って、評価が1位になるように取り組んでいるのです。

そこで考えたのが、シンガポール式「財務諸表」です。要は、銀行が見る財務諸表のポイントを理解して、戦略的に評価を上げて融資を受けやすくしようということです。

まず、財務諸表とは何かを1度整理していきたいと思います。

会社は、1年に1度の決算月で会計を区切り、それまでの1年間の業績を集計して決算書を作成

【図表40　財務3表の役割】

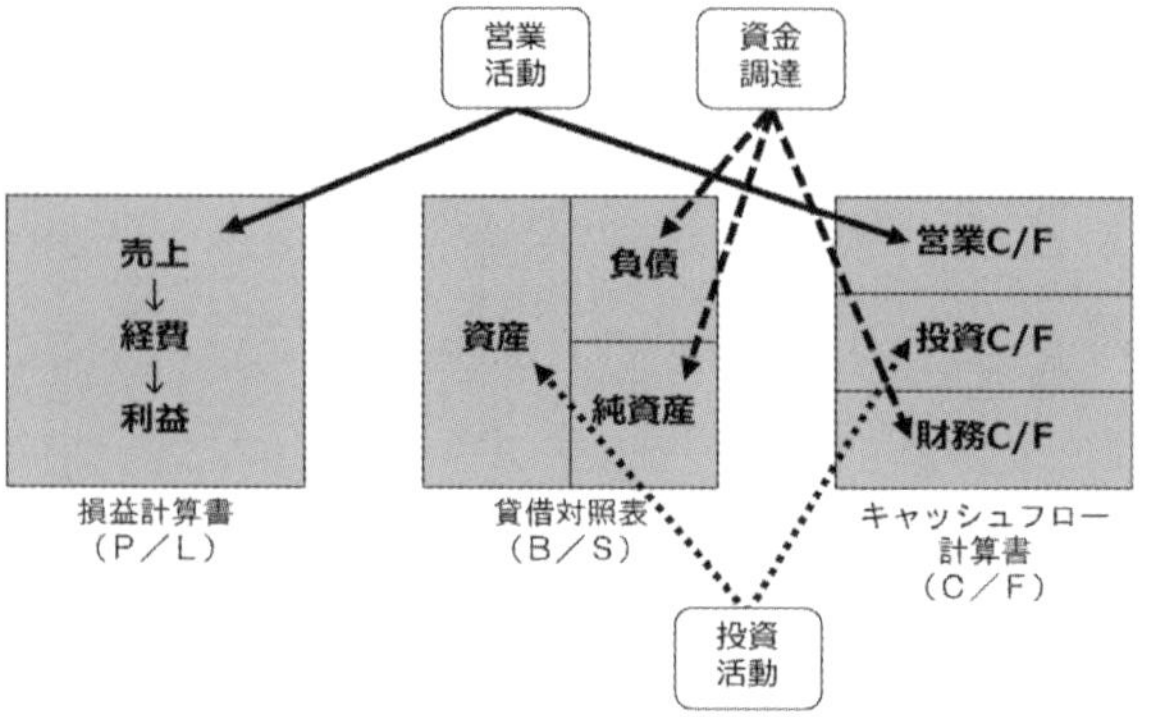

します。決算書の中で最も重要なのは、次の3種類の財務書類で、「財務諸表」または「財務3表」などと呼ばれています（図表40参照）。

① **損益計算書**（P／L・プロフィット&ロスステートメント）

売上、経費、利益などの数字が記載され、「会社の業績」を表しています。

② **貸借対照表**（B／S・バランスシート）

負債と純資産の金額またそれらの合計がどのような形の資産となっているのかが記載され、平たくいうと「会社の財産とその内容」を表しています。

③ **キャッシュフロー計算書**（C／F・キャッシュフロー）

現金などの実際の支出や収入など、決算の対象となる1年間で「どのようにお金が動いたのか」を表しています。

財務諸表は、読み解くのが難しく、どのように見たらよいかわかりづらい書類になりますが、いわば「会社の成績表」に当たる最も重要な書類であることも確かです。

シンガポール式のように「狙って取りに行く」ことがよいかどうかはさておき、先述の不動産取得費用を「一括損金」ではなく「資産」にしたほうがよいなど、見せ方１つで会社の成績が「優れているように見えるか否か」は変わってきます。そう考えると、金融機関が注意して見るポイントをある程度理解することは、会社経営をする上で重要ではないでしょうか。

とはいうものの、私も決算書の作成処理自体は税理士の先生にお願いしていますし、何も自分で決算書をつくるといった難しいことをする必要はありません。ただ、出来上がった決算書から会社の成績がどのように見えるか、金融機関からどのような評価をされるのかは理解しておきましょう。

それではその評価についてですが、金融機関により評価方法は異なるため、「これだ」といった唯一無二の答えがあるわけではありません。そのため、あくまで一般的な評価軸の話にはなりますが、各財務諸表の評価に関しての説明をしていきます。

3　損益計算書（P／L）

会社の業績を表す

いわずもがな、粗利、営業利益、経常利益は、それぞれ、「〝それなり〟にプラスになっている」ことが望ましいのですが、「営業利益は出ているのに経常利益があまり出ていない」場合には、その会社は借金依存が高いと判断され、「悪い」と評価されてしまいがちです。

【図表41　損益計算書の見るポイント】

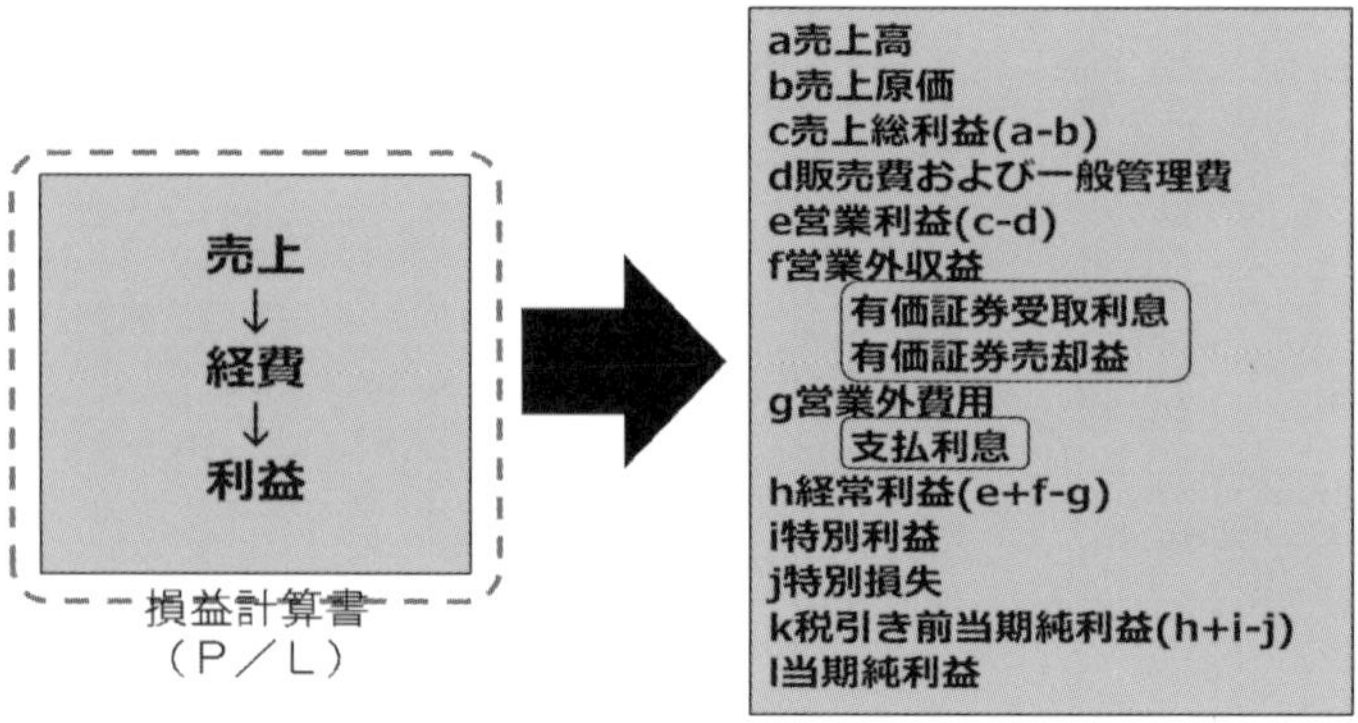

図表41からわかるように、「売上高」→「粗利益（売上高総利益）」→「営業利益」→「経常利益」→「税引き前当期純利益」→「当期純利益」のように、各所で支払い（費用）を引いて、差引後の利益を表示していくのですが、営業利益からさらに支払利息などの営業外費用を引いた金額が経常利益となるため、経常利益があまりよくないと評価が厳しめに見られることがあるのです。

この場合、売上原価（仕入金額）か販売管理費を抑えることで営業利益自体をもっと伸ばすか、株などの受取利息や売却益で営業外利益を伸ばすことで、経常利益を改善することが望ましい状態です。

4　貸借対照表（B／S）

会社の財産とその内容を表す

貸借対照表の中で評価（安全性）が高くなるポイントは、「①株主資本、②長期負債、③流動負債」のよし悪しであり、重要度は①～③の順番になります。

そのため、①株主資本は、なるべく多くしたほうがよいです。また、負債は、少ないほうがより事業経営がうまくいっていると評価されますが、その負債は「長期負債」と「短期負債（流動負債）」に分けられます。③流動負債は、「1年以内に返済する負債」と定義づけられているため、流動負債が多いと翌期1年以内の会社の支出が多いことが決算書から読み取れ、評価が悪くなります。

流動負債となるのは、主に買掛金や短期借入金などですが、資本金以上に支出をしている場合には、その差額は「役員借入金」として会計処理されます。何も気にせずに決算処理を進めると、税理士の先生はこの「役員借入金」を「短期借入金」として「流動負債」に計上することがあるので注意が必要です。

「役員借入金」は、名前のとおり役員からの借金ですので、大体の場合は法人を設立した方が会社に貸している状態であり、至急返済する必要がないことが多いです。そのため、1年以内に返済が必要な「流動負債」ではなく、「長期負債」として計上するか、貸借対照表の中で最も評価（安全性）が高い「株主資本」として計上するようにしましょう。

個人資金に余裕があるならば、役員借入金などの「負債」は、決算時にDebt Equity Swap（債務の株式化）をすることで、「負債」から「資本剰余金（株主資本）」に項目変えをするとよいのではないかと思います（図表42参照）。

通常、Debt Equity Swapは、「負債」を「資本金」に項目替えするのが一般的ですが、資本金増

【図表42　Debt Equity Swap】

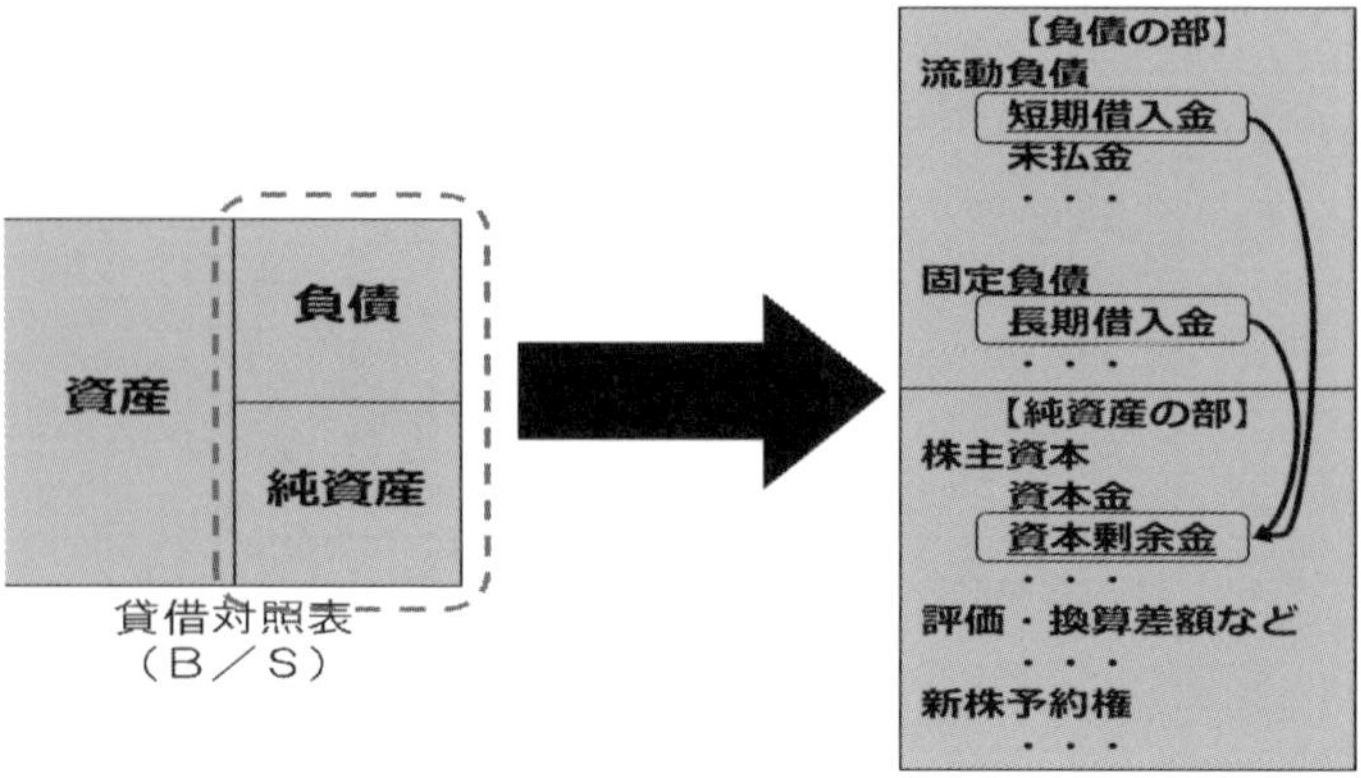

資は増資金額の1000分の7の登録免許税が必要になります。また、資本金を1，000万円以上にすると消費税の課税事業主となるため、税金に対しての柔軟性がなくなります。

そのため、おすすめの方法は、資本金と同等の評価となる「資本剰余金」に項目替えすることにより評価を高めることです。

5　キャッシュフロー計算書（C／F）

どのようにお金が動いたかを表す

キャッシュフロー計算書は、決算の対象となる1年間で「どのようにお金が動いたのか」を表しています。貸借対照表でも、前期と比較することでどのくらいの現金の増減があったかはわかりますが、具体的な現金の増減はキャッシュフロー計算書でしか見ることができません。

キャッシュフロー計算書は、「営業活動によるキャッシュフロー（営業ＣＦ）」、「投資活動によるキャッシュフロー（投資ＣＦ）」、「財務活動によるキャッシュフロー（財務ＣＦ）」の３区分があり、全部の合計がプラスであったらお金が増えたことを意味し、マイナスであったらお金が減ったことを意味します。

各区分の位置づけとしては、次のようになります。

●営業ＣＦ：本業で稼げているかを見る

●投資ＣＦ：固定資産などの設備投資で規模の拡大をしているかを見る

●財務ＣＦ：借入が減っているか、本業の収益よりも利息の支払いのほうが多くないかを見る

それぞれのＣＦの望ましい状態としては、「営業ＣＦはプラス」、「投資ＣＦはマイナス」、「財務ＣＦはマイナス」になることです。

このような状態ですと、要は「本業で稼げている。設備を増やして規模の拡大をしている。借入が減っている。利息の返済より営業収益が十分あり、自転車操業ではない」といった内容と判断できるため、金融機関の評価は高くなります。

会社の営業ＣＦが出ているならば、設備投資は普段よく使用する什器備品やパソコン、スマートフォンなどを新しいものにしていくと、設備を増やして規模を拡大しているともとれ、生活の質も向上できるのでよいことかと思います。

このように決算書の見方がわかってくると、会社の状態は同じでも、魅力的な見せ方にできます。借入をして事業規模を拡大させていくとするならば、融資の通りやすい決算書のつくり方は必要な

知識といえます。

6　税金は融資の枠を買うための先行投資

正解は複数

本書では、多岐に渡り経費や節税について説明をしてきましたが、経費をたくさん計上して節税をすることのみが正解というわけでもありません。「頑張って経費を計上しています！」という人を見かけることがありますが、私は無理をしてまで経費計上をするのではなく、適正な経費を計上し、最終的に利益が出た場合にはそれに見合っただけの税金を納めるのがよいことだと思っています。

もちろん、税金の使われ方に納得できない部分もありますが、私は税金を支払うことは、「融資の枠を買うという先行投資」であると考えるようにしています。税金を支払うということは、それだけの利益を出した会社であると金融機関や社会にも認められるため、融資などが受けやすくなり、金利も低くなります。

特に事業規模を拡大する時期や、新規事業としてストックビジネスを伸ばしきるまでの間は、「融資の枠」を買っているという認識に意識を変えれば、無理をしてまで節税をしなくても気持ち的にも納得できるのではないでしょうか。

第6章　第3の事業

1　令和の新規事業

新規事業のつくりやすさ

私は、この5年間でいくつかの事業をつくったり、入れ替えたりしているのですが、近年は本当に新しい事業がつくりやすくなったと感じるようになりました。

ここでは、最近つくった比較的簡単な事業について、いくつかご紹介したいと思います。1つひとつの事業規模は小さいものの、積み重ねることでそこそこの売上規模はつくり上げられるものです。新規事業の立上げのアイデアとして参考にしていただければ幸いです。

2　本の出版と販売

本の出版は難しいのか

新規事業の1つの案が本の出版です。

「いやいや、本を書くなんてとんでもない！」という声が聞こえてきそうですが、もちろん「あなたも小説家になりましょう！」ということではありませんのでご安心ください。

私は、20歳くらいの頃から、「本を出版してみたい！」と漠然とした夢を持っていました。

今でこそ経営学修士が最終学歴となりましたが、実は私は、10代の頃に若年性健忘症と診断され、学校の勉強がとても苦手な子どもでした。通信制の高校を人より長い４年をかけて卒業し、社会人として初めて就いた仕事は、時給７３０円の工場アルバイトという経歴だったのです。

当時は、自分の思い描いていた社会人の理想像と現実との差に、ただただ悔しい思いを噛みしめながら毎日を過ごしていて、その頃から社会を見返す気持ちからか、本を出版してみたい！　何かを世の中に残したい！　と強く思うようになりました。

その後、会社員時代にひょんなことからご縁があって大学院に飛び級入学をすることができ、さらには不動産賃貸業を含めて３社の創業を経験し、会社員時代に大企業の経営戦略なども経験していたことから、「起業」「節税」「不動産賃貸業」「論理展開」などといったことが得意になっていきました。

それらの知識を体系化してまとめられるほどの文量になってきたときに、先輩経営者で書籍出版経験のある大木さん（仮名）に、本の出版を考えていることを打ち明けました。すると、大木さんから原稿が書き終わるまで待っていないで、３枚の企画書（概要書、目次、マーケティング計画）を出版社に送るようにアドバイスを受けました。また、自費出版では出版社が営業に力を注いでくれないかもしれないので、できるだけ多くの出版社に声をかけて、条件がよさそうなところを選ぶとよいと教えてくれました。

このアドバイスを元に、その後、書店やAmazonで「不動産投資」の関連書籍を出版している会社100社、「証券」「FX」などの関連書籍を出版している会社をさらに100社調べて、全200社に対して3枚の出版企画書を送りました。

その結果、幸運にもいくつかの会社からお声がかかったので、残りの執筆を仕上げてデビュー作「不動産投資を事業経営に変える!! 資産形成術」を出版するに至りました。

2作目、3作目のアイデアもすでに浮かんでいたため、1作目が売れなくてはその可能性が閉ざされてしまうという危機感があり、出版後はSNSで多くの方に宣伝をしたり、本屋の棚に飾るポップをつくって2か月ほどかけて全国100店舗以上の書店に直接訪問をして、書店の担当者にポップの貼出しなどをお願いしたりして回りました。

また、ポップは、本人が来たことがわかるほうがよいので、きれいにデザインしたポップの上からマジックでサインと日付を書くようにしていました。

その成果もあってか、Amazonや楽天ブックスでは、「不動産投資」カテゴリーで1位を取ることができ、四季報などの売れている投資本などでもランキングに載ることができました。その後は何度か重版もされ、何とか無事に1冊目を世に送り出すことができた次第です。

すでに個人事業主として起業を経験された皆様でしたら、8~12万文字の文章を埋めるストーリーは書けるのではないでしょうか。ペルソナ（ターゲットユーザー像）を設定して文章を書くと、筆も滑りやすくなります。私は、5年、10年前の自分に向けて教えるような気持ちで本書を書いていたりします。

もし文章を書くのが苦手であれば、最近はフリーのコピーライターもいるので、少し費用をかければ本の出版自体は可能だと思います。まずは、半分ほどの文量の下書きが書けた段階で、出版社１００社へ企画書を送ってみて、そこでオファーがあれば、残りの下書きを書き始めたり、コピーライターを探してみたりするようにすれば、時間もコストも無駄にはならないのではないでしょうか。

なお、２作目以降の出版を検討しないようでしたら、書店への営業回りなどせずともよいのかもしれません。

本の販売

私の場合、１作目は不動産投資コンサルのお客様へのマニュアルとしてや、マーケティングツールとして使うという意味も込めて、内容は出し惜しみなく書きました。

簡単にいうと、本の内容を完全に読解できれば、私がコンサルせずともご自身で不動産投資ができるような内容に仕上げています。そのため、不動産投資や事業経営のマニュアルとして使いやすかったのか、何社かの不動産会社では営業マンの教育書として使っていただいたり、お客様を教育するための販促物として既存・新規顧客へ配付していただいたりもしました。

その際には、不動産会社のご厚意で、私自身が著者特価の20％引きで仕入れて、10％の割引価格で卸すなどをさせていただき、この著書の販売では合計30万円ほどの利益を得ることができました。

他にも販売が進むにつれて、少額ではありますが印税収入なども継続的に入ってくるようになりました。

時々、「不動産投資コンサル事業を行っているのに、なぜ読者の方がコンサル契約をしなくとも自分で不動産投資ができるような内容にまで出し惜しみなく書いていたのですか？」と質問されることがあるのですが、その理由は、すでにコンサル契約料が実質ゼロ円になる仕組みをつくっていたからです。

元々コンサルなどにありがちな、「コンサル費用による全体的なコストの上昇」を抑えたいと考えていたため、試行錯誤をして、コンサル費用分を何かで相殺できるような実質ゼロ円の体制を取っていました。そのため、顧客から見れば、経験があり、実質的にコストがかからないのであれば、コンサル契約を申し込もうという流れになるだろうと読んでいたのです。実際に、本を読まれた読者の方からメールをいただき、コンサル契約をさせていただいた方も何人もいましたので、「出し惜しみをしない」というやり方が功を奏したといえるかもしれません。

そして、実際にコンサルをする際には、「〇〇ページに記載の」といったようなご案内にも使えますし、お客様と知識や方向性を共有できるので、仕事の効率化にも非常に役立っています。

こんな風に本を出すことで、新たな世界が広がることもありますし、何かの集まりでは信頼度の高い名刺代わりにもなります。ご自身の経験を元に本を出版し、1つの事業とすることは、やる気さえあればできることだと実証済みですので、法人設立のために新規事業をつくらなければいけないのであれば、１つの候補として入れてみてもよいかと思います。

3　タイムチケットという時間売り

出版の副次的効果

新規事業のもう1つの案が、「タイムチケット」や「ストリートアカデミー（ストアカ）」などのような時間売りサービスを始めることです。

こちらもどなたでも簡単に始めていただけるかと思うので、私がこの事業を始めることになった経緯・どんなサービスを提供しているかを簡単にご紹介します。

私が「タイムチケット」を始めることになったそもそものキッカケは、私の所有する１社が２０１８年11月から２０２０年10月までの間、税制上の縛りにあうことになってしまったことです。当初は、大きな事業の取組みができなくなってしまったと落ち込んだのですが、家族と話し合い、２０１８年11月より2年間を「人生の小休止」期間だと思うことにして、自由な時間を楽しむことにしました。

いくつかの事業は、自分が手をかけなくても回転していくようになっていたため、この2年間は趣味の旅行や自己投資のための勉強などの時間をつくるようにしています。現在、本書を執筆中ですが、これも1日に2時間までという「小休止ルール」を定めて、プライベートを楽しみながらゆっくりと書き進めています。

また、旅行や勉強だけに時間を割くのではなく、仕事に没頭していると見えてこなかった新たなサービスなども率先して活用してみようと思い、流行っていた「タイムチケット（https://www.timeticket.jp/）」という時間売りのサービスで「資産形成の相談」を販売してみることにしました。

タイムチケットは、２０１４年7月からサービスを開始していたので、２０１８年に私がチケット販売を始めた頃にはかなり後発組で、ランキング上位の方々を見るとすでに何年もサービスを利用されているようでした。そんな状況ではあったものの、開始当初から1時間を2万円という高い金額設定で「資産形成のコンサル」という時間売りチケットをつくりました。すると、Amazon のベストセラー本の著者という信頼度も相まってか、みるみる販売が伸びていき、現在ではタイムチケットのサービス開始以降の全期間ランキングが4万チケット中の6位、副業／お金というジャンルでは1位となりました（２０２０年1月現在）。

昨年3月からは、さらにチケット内容を充実させて1時間30分に伸ばし、金額は語呂がよい5万5，５００円（ゴーゴーゴー）としたのですが、高額にもかかわらずその後も特に販売件数に失速はありませんでした。

私がこのチケットでお話しする内容と前著は3割くらいが重なる内容であるため、チケットを購入いただいた方には見返して再確認できるように著書をお渡ししているのですが、無料でお渡しする際の条件として、レビューを記載していただくようにお願いしていました。このレビューは、他の方も読むことができるため、「チケット内容は金額に見合ったものだった」、「満足度が高い」という証明にもなり、販売が好調であるのだと思います。

こういった時間売りチケットのサービスは、運営事務局への手数料が発生するものの、私の1年間の利益は200万円ほどになります。それに対して実際に使っている時間はというと、年間75時間程度なので、比較的利益の高い事業だといえます。

私の場合は、著書という販売促進にかかる副次的効果がありましたが、他の上位ランキングの方々は著書などを出版されていない方もいるので、どなたでも十分に事業として取り組むことができるかと思います。どのようなチケットをつくればよいかわからない方は、タイムチケット事務局の方が「あなたのサービス・事業・生き方の相談承ります！（1万円）」というチケットを販売していますので、そちらで相談してみてもよいかもしれません。

そして、販売する内容が決まったら、次はチケットの説明文を書きます。ここにウェブマーケティングとコピーライティングの知識を入れ込めば、あとは価格と実績とのバランスの問題なので、販売数を増やしていくのはさほど難しくありません。

ウェブマーケティングとコピーライティングについては、私も知識がなかったのですが、「タイムチケットの売上が爆速化するマーケティング術教えます」というチケット（5，000円）を購入してコツを教えてもらったところ、急速に販売を伸ばすことができました。

私のチケット「【再現性〔高〕】1，000万円以上を得られる資産形成術！」には、価格の推移と価格ごとの販売実績数も記載しており、またコピーライティングの知識を入れて書いている文章になりますので、文章やレビューなども参考にしていただければ幸いです。

●あなたのサービス・事業・生き方の相談承ります！

https://www.timeticket.jp/items/26608

●タイムチケットの売上が爆速化するマーケティング術教えます

https://www.timeticket.jp/items/52114

●【再現性〔高〕】1，000万円以上を得られる資産形成術！

https://www.timeticket.jp/items/45725

4 ブランディングの重要性

ウィン・ウィンの原則

少し前までは、コンサルをするにしても、何かの教室を始めるにしても、場所を借りて、告知をして、人を集めてと、お金と時間と労力がかなり必要でしたが、最近ではタイムチケットのように、資金や設備など何も持たない1個人でも、事業を開始することがとても簡単な社会になりました。

しかし、市場の供給側（プレーヤー）の新規参入の柔軟さが高まったことで、あまりよい噂を聞かない人や詐欺師のような輩までもがたくさん出てきているようにも感じます。

私は、このような市場下だからこそ、重要なのは自身のブランディングをしっかりと崩さないようにすることだと思っています。私が大学院で学び、会社員時代の経営戦略でも実感してきたことは、「ウィン・ウィンのビジネススキーム」がいかに大切かということです。

そこで、自分にだけ利があればよいというような事業をするのではなく、相手にも利があるような「ウィン・ウィンの関係」を築くことを常に心がけています。言い換えれば、ウィン・ウィンを原則としていないビジネスをしてみても、それは単なる「悪い輩」なので、いずれ市場での評判は悪くなり、商売などももちろん長続きはせずに淘汰されていきます。

今後、日本企業では終身雇用が少なくなっていき、さらに副業などが許されていくため、タイムチケットのようなサービスを利用して時間売りを提供する母数が増えれば、必然的に「悪い輩」も増え、顧客側も敏感になってくることかと思います。そのため、自分の首を自分で絞めないように、ウィン・ウィンを原則としたサービスや商品をつくって新しい取組みなども進めてみてください。

5　マーケティング代行のお願い

コンテンツ販売

先にも述べましたが、私は1つの事業として、不動産投資コンサルをしています。

顧客には、東証一部上場企業の役員や年収が3，000万円を超えてくるような人もいらっしゃれば、年収が低い方や年収は高いけれど手元にお金があまり残っていない方など、いろいろなタイプの方がいらっしゃいます。コンサルを進めていくうちに、属性が高い方であれば、物件がマッチすれば問題なく購入をして不動産賃貸業を始めていけるのですが、属性が高くなかったり、手元のお金がなかったりする方々は、なかなか買い進めていけないという問題が出てきました。

そうすると、コンサル料を支払っている顧客が実際にコンサルを使っても不動産を買い進めることができないという状況になってしまい、これではウィン・ウィンとはいえません。この問題を解決する方法はないかとしばらく苦悩していたのですが、いろいろと検討した結果、ウィン・ウィンにできる2つの解決策を見つけることができました。

1つ目は、私の「時間売り」のマーケティング代行をお願いすることです。先ほどご紹介したタイムチケットでは、5万5，500円から運営事務局の手数料が発生し、1万5，000円を引かれた4万500円が私の利益になります。運営事務局がマーケティングをして集客しているので、手数料には何の不満もないのですが、このタイムチケットが担っているマーケティングの役割を他者にお願いすることで報酬を支払う仕組みをつくればよいと考えました（図表43参照）。

つまり、顧客を紹介してもらったら紹介者に1万円の報酬を支払います。そして、紹介していただいた顧客には5，000円の割引をします。私はというと、紹介者への紹介料の支払いと顧客に対する値引きをしても、タイムチケット経由と同じ金額で販売できます。こうしてみると、この仕組みにすることで誰も不利益をこうむりません。この仕組みを使えば、既存顧客、新規顧客、販売者

【図表43　マーケティング代行のお願い】

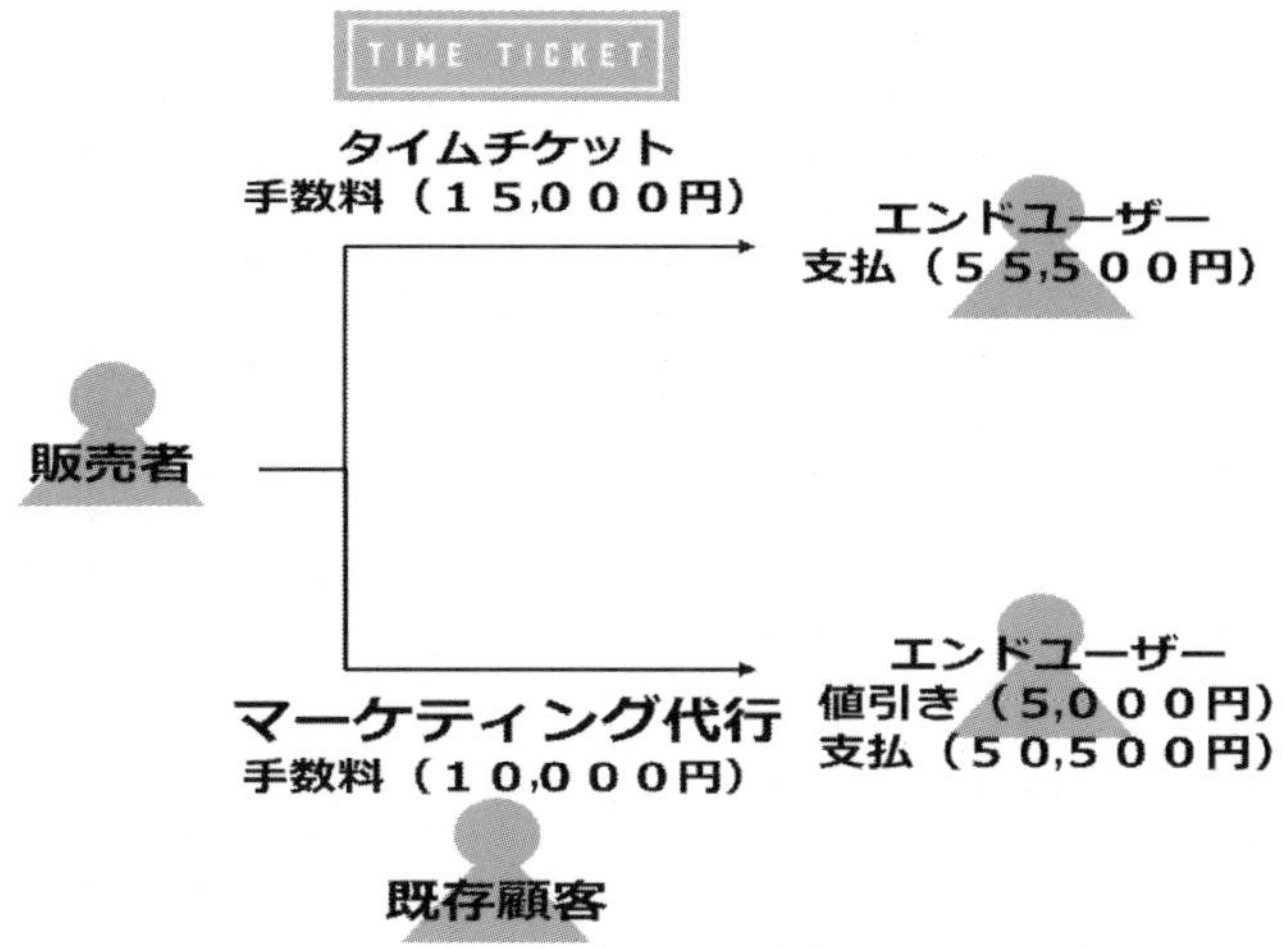

の私がウィン・ウィン・ウィンになれるのです。
４万件というチケットの中で６位という実績もあり、信頼度や満足度もわかりやすいという点で、紹介者にとっても気兼ねなく人にすすめていただけるようで、現在手元にお金がなく、不動産投資がなかなか進まない方の一助として、マーケティング代行をお願いさせていただいています。

6　金貸業

低リスクで８％の資産運用利回りの提案

２つ目の問題解決策として、貸金業を始めることにしました。

とはいっても、本格的な貸金業を始めるわけではありません。なぜなら、貸金業法という法律があり、「金銭の貸付または金銭の貸借の媒介」で業《なりわい》として行う者は貸金業登録をしなくてはいけないからです。

なお、「貸金業」に該当する定義は、次のような内容です。

●反復継続すること

●事業的規模であること

●金銭の貸付に利息の有無は限らない

ただし、財務局などに問い合わせて調べたところ、物件の売買の取引に付随する場合は適用除外となることがわかりました。

そこで、購入する不動産会社が制限されてはしまいますが、私がいつも物件を購入させてもらっている不動産会社にお願いをして、顧客への物件の売買に付随してお金を貸してもらうようにしました。「手付金」としてお金を貸すことは宅建業法で禁止されていますが、実際に財務局に判例などを確認したところ、大手不動産会社で売買に「付随して」貸金をしていた実績があり、問題はないことが確認できました。

法律違反とならないように、お金を貸し出す仕組みをいくつか設計することが必要でしたが、それにより貸金業登録をしなくても、実際にお金の貸出が可能になりました。

しかし、お金を貸し出す原資を不動産会社に見繕ってもらうわけにはいかないため、原資の出どころは私の既存顧客に募り、余剰資金に余裕があり、資産運用をしていない方から最大200万円を8%の金利で借りることにしました。もちろん、借用書は私の個人名で契約をし、個人の場合は

【図表44　金貸業の仕組み】

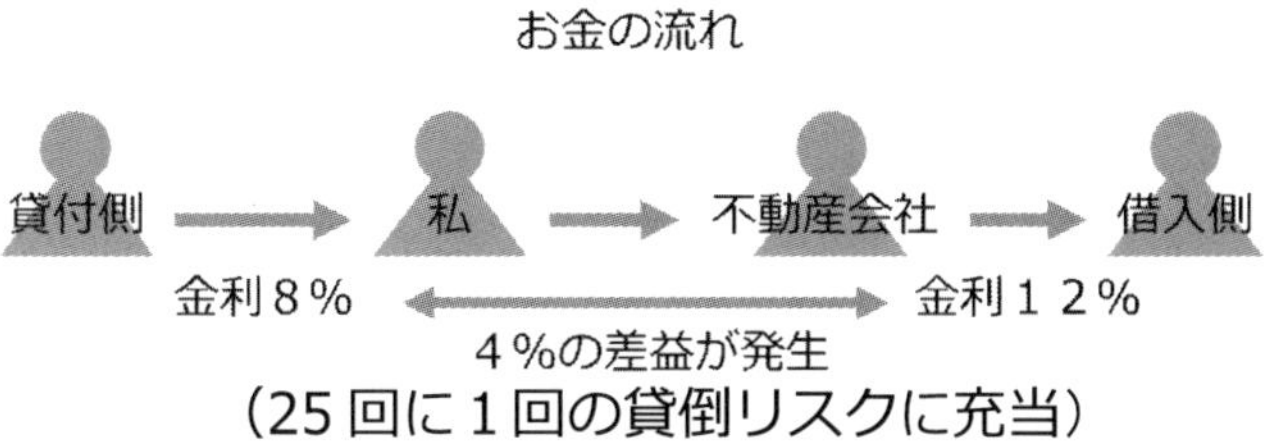

■貸付側のメリット
８％のリターン。
リスクが限定的。

■借入側のメリット
個人信用情報 DB の借入履歴に載らない。
(カードローン履歴は個人信用を傷める)
購入できる物件の幅が広がる。
物件の購入確率がアップする。

法人と異なり無限責任となるため、貸付側のリスクは唯一私の「自己破産」と限定的にしました。また、貸付期間は「1年に限る」とすることで、貸付側の抱えるリスクをできるだけ少なくすることにしています（図表44参照）。

借入側も期間は1年とし、1口100万円で最大200万円まで借入できるようにしました。金利は12％と少し高いですが、巷の消費者金融よりも低い設定で、個人信用情報データベースに借入履歴は載らないなどといったメリットもあります。

貸付側と借入側の差額の金利4％については、間に入っている私の貸倒れリスク用に担保しています。4％の金利を得ることで、25回に1回の貸倒れが発生しても、金利から得られる利益でカバーできるという算段です。

もちろん、先に説明したとおり、私が直接貸付を行うことは貸金業法違反となるため、私は不動産会社に数百万円ほど先に預けておき、そのお金の中で希望者への貸付を行ってもらっています。

7　コンサルティングのコツ

成功体験がないモチベーションの維持は困難

コンサルをする上で、私にはもう1つ解決したい問題がありました。

ありがたいことに、多くの方にコンサル契約を申し込んでいただいているのですが、顧客のモチベーションを維持させていくことが時にとても難しいということです。

コンサルに申し込む以上、最初からモチベーションが低い人はいませんが、物件の取得などの成功体験がない状態が続いてしまうと、そのモチベーションを維持していくのは非常に困難です。これは、個人の問題であると同時に、コンサルタントの私の問題でもあると考えています。

コンサル契約の先にあるのは不動産物件の取得なので、不動産物件が取得できないのにコンサル料だけを支払っているのでは、ウィン・ウィンの関係にはなりません。しかも、モチベーションが下がってしまうと、物件の購入はさらに遠のいてしまいます。そこで、ウィン・ウィンを原則とするためには、顧客のモチベーション維持を支援することも私の役目であると考えたのです。

そこで、私のコンサルでは次のような手法を取り入れました。

購入したい収益物件が見つかった際、その不動産の物件の試算をするには私が作成したシミュ

【図表45　ラーニングピラミッド】

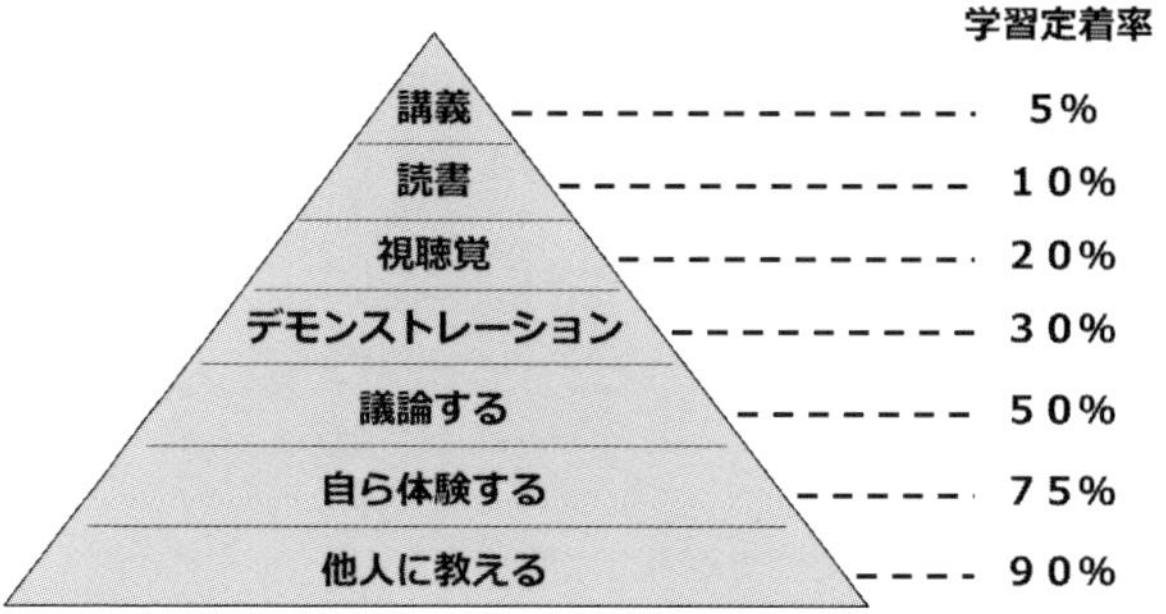

レーションシートを使っているのですが、まずは顧客に実際に試算表に数字を入力していただきます。その後「よい点」「悪い点」などをコメントして私に送ってもらうようにしたのです。

本章の冒頭でも述べましたとおり、私としては前著に自分の知識・経験を出し惜しみなく書きましたが、実は読書だけで得られる知識定着率は内容のわずか10％程度であるという研究結果が出ています。これは、「ラーニングピラミッド」と呼ばれていて、図表45のように学習方法により定着率が異なることを表しています。

そこで、読書による10％の知識定着率を50％以上に高めるため、実際にご自身で数字を使って「〇〇年後にこれくらいのリターンが得られる」という計算をし、物件自体の「よし悪し」を自らが当事者として考えるということをしてもらっているのです。

繰返しとなりますが、成功体験がないままモチベーションを維持することは、誰にとっても非常に難しいことです。そこで、疑似的ではあるものの、試算やコメントのやり取りなどで実際にどれくらいのリターンが見込めるのかという体験をしてもらい、モチベーションを維持しやすいようにできるだけ配慮するようにしています。

顧客が実際に物件を購入する実績が増えれば、それは私自身のコンサルティングの実績にもなりますので、顧客獲得後の「成功体験をつくること」までが、私にとってのウィン・ウィンの関係づくりの責務になると考えています。

8 いろいろなことが新規事業になる時代

既存の仕組みをアイデアにする

ここまで、私が実際につくってきた小さな事業についてご紹介をさせていただきましたが、なぜこのような話をしたかといいますと、新たな事業をつくることが最近では本当に簡単になってきたことを感じていただきたかったからです。

私は、流行りのＡＩやロボット、プログラミングなどといった高度な技術を持っているわけではありません。税金や決算書、零細企業の経営、既存の法令などの昔ながらの仕組みを理解し、知恵に変えて、ウィン・ウィンの原則に基づいてビジネスをつくることで、小規模な事業を複数つくっているだけです。すでに個人事業主として経営をされている皆様は、他の人にはない知識をたくさんお持ちのことと思います。また、売上を受け取る母体（会社や個人事業）をすでにお持ちなのです。

少し前まで、私は大きな事業を手がけることばかり考えていましたが、小さな事業に取り組み始めてからは、生活の中で見えてくるものが変わってきました。

例えば、車を購入しようと思い始めると、翌日から色眼鏡をかけたように外を走っているすべての車の車種や形などが気になって目に映ったりするでしょう。このように、「小さな事業」をしようと思い始めると、生活の中から見えてくる様々なものの見方が異なり、アイデアが湧いて出てきたりします。

アミーボ（amiibo）とユーチューブ（YouTube）

例えばこんなアイデアもあります。子どもから大人まで大人気のニンテンドースイッチ(Nintendo Switch)の歴代1位の売れ筋ゲームソフトは、4年前の２０１７年に発売された「ゼルダの伝説 ブレス オブ ザ ワイルド（以下BotW)」で、いまだに根強い人気があるゲームソフトです。

普通にゲームを進めること自体がもちろん楽しいのですが、このゲームをさらに楽しむために、アミーボという人形を購入すると、「ゲームスタート当初から強い仲間を得ることができる」などの特典を得られるという方法があります。しかも、少しだけ変わった仕掛けがあり、ニンテンドーのウィー・ユー（WiiU）の「ゼルダの伝説 トワイライトプリンセス」のクリアデータが保存されているアミーボだけが得られる特典などもあります。

このアミーボ自体は、新品を1，５００円で購入することができるのですが、このような特殊なセーブデータを持っているアミーボの中古品は3，５００円前後で売買されています。中古品販売サイトなどでの販売実績数が８００を超えている個人もいるようで、計算するとそれだけでも１６０万円の利益を得たことになります。実際にゲームをクリアするのに必要な時間は30時間程度なので、発送などの手間を考慮しても時間単価の利益は非常に高いのではないでしょうか。

次は、同じくBotWというソフトに関連したユーチューブの話になります。このソフトは、クリアするのが難しく、ユーチューブなどのゲーム攻略動画を見ながらプレイをする人が多いようです。BotWの攻略動画でよく再生されている人のチャンネル登録者数は17万人、動画本数36本、動画再生回数が３３５４万回です。再生回数が１００万回の動画のユーチューブ収入が39万円くらいですので、このユーチューバーは概算すると１，３００万円の利益をBotW関連動画だけで得たことになります。

ゲーム攻略動画は、顔出しや声出しなどしなくても済むので、個人を特定されるようなつくりではありません。プレイ中の動画を撮り、編集ソフトを使って文字を挿入してユーチューブに公開するだけなので、精神的な参入ハードルも低いといえます。

このように、たった1つのゲームソフトに関連した副次的ビジネスでも、やってみれば計１，４６０万円の売上をつくれることがわかります。

色眼鏡をかける

自己紹介でも述べましたが、私が最初に起業した会社は失敗に終わりました。厳密に言うと、それより前にも何か事業を始めたくて海外に物品を仕入に行き、国内で販売してみたこともありましたが、これもうまくはいきませんでした。いろいろなビジネスを始めてみては、多くの利益を稼ぐまでには至らずに、いくつものビジネスで失敗を経験してきたというのが正直なところです。

そんな失敗を何度も繰り返してきたにもかかわらず、私の中で何かの事業を始めたいという夢はついえず、その後も「ガイアの夜明け」、「未来世紀ジパング」、「カンブリア宮殿」などといったビジネスのアイデアになりそうな番組を見ては、自分も新しい事業を始められないかと模索しました。

しかし、どれも新発想の新しいビジネスを展開している人が多くいるという事実を目の前に突きつけられるだけで、自分には到底まねることができないと意気消沈したりもしました。そんな中、失敗原因は自分がビジネスの基礎を理解していないからかもしれないと、経営を学ぶために大学院に通ってみたのですが、そこでの学びも多くは「世の中に存在しない新しいアイデア」を実現するようなもので、ハードルが高いものでした。

そのときに取り組んでいたことや考えていたことと比べると、今回ご紹介した小さな事業には華がないかもしれません。しかし、どの事業もスタートさせるのにコストやリスク、さらには手間などもほとんどかかりません。そして、何より、新時代のビジネスの前線に身を置いて経験することができます。

既存事業を運営しながら、手元により多くのお金を残せるようにと新たに何か事業を始めようとするのは腰が重いかもしれませんが、最初から大きな事業を始めるのではなくても、まずは生活の中から小さな事業のアイデアが見えるように切り替えて、色眼鏡をかけてみるのはいかがでしょうか。

竹やりで挑む

日本から近く、自然や歴史的建造物も多いため、私は中国に旅行に行くことがよくあります。近年目まぐるしく発展する中国を肌で感じる大変よい機会なのですが、中国の人は起業意欲が高いという話を聞きました。最近の日本の若者は、起業意欲も、地位あるポストに就きたいという出世意欲も減ってきているというニュースを耳にしたりしますが、起業をしたいと考える人は日本人では24％に対して、中国人では60％もいるようです。

国内景気がよいことも追い風となり、投資家から資金を得て起業をしようとしている人が多く、傍から見ると竹やりで戦いに挑みに行くような無謀感もあります。ただ、起業家といっても最初は誰もが初心者ですので、1度竹やりで戦って負けたとしても経験値は溜まり、その人の武器は次には刀になり、最後には大砲を持っているかもしれません。

シリコンバレーなどの起業家でも、実は初めての起業よりも、1度失敗して2度目、3度目の起業を試みる人のほうが投資家からの資金が集まりやすい傾向にあるそうです。最初の事業がうまくいかずに失敗していたとしても、その分経験が溜まっていれば、資金ショートに対する危機感を持っていたり、金策などについても現実的な手段を考えられるようになっていたりするため、投資家として海の物とも山の物ともつかない初心者マークの起業家に投資をするよりは、経験値がある人に投資をしたいと考えるのだと思います。

どんどん次に行く

近年のビジネスはスモールスタートができるようになっていますので、火傷をしてもたかが知れています。新しく事業を始める場合は、政策金融公庫が無担保無保証の融資を出してくれたりもします。新設法人が、創業用の融資として使うことができるというのは、とても心強いものです。無担保無保証ですので、借入当事者は法人となり、連帯保証人に代表である自分がなる必要もありません。もちろん悪用してよい制度ではありませんが、極端な話、事業がうまく回らなければ法人を休眠・解散させてしまうと、債務者はいなくなってしまうという制度です。

このように日本政府も、起業にチャレンジして失敗してもできるだけ再チャンスを得ることができる仕組みをつくってくれています。たとえ失敗しても、何度も何度も挑戦ができるのであれば、経験値が溜まります。経験を蓄積し、努力を続けていけば、そのうち成功できるという後押しをする仕組みが今の世の中には整っているのです。

もちろん、失敗することを前提に事業を始めるわけではありません。誰もが成功したくて、成功できる事業を考え、成功するために日々努力しています。ただ、先にも触れましたが、アメリカなどでは、1度失敗を経験したほうが、「経験値」があるとみなされ、投資家がつきやすいということもあります。たとえ1つの事業に失敗しても、その失敗から間違っていたところを学び、次に活かしていけばよいのです。

個人事業主ですでに事業を回している方なら、法人でもう1つの事業を始めるというハードルはそれほど高くないかと思います。どんどん次に進んでいけば先が必ず開けます。

9　明日死ぬかのように生きる・永遠に生きるかのように学ぶ

「Live as if you were to die tomorrow. Learn as if you were to live forever.」

これは「明日死ぬかのように生きる。永遠に生きるかのように学ぶ」というガンジーの有名な言葉です。

自己紹介の部分でも少し書きましたが、私の初めての社会人経験は工場のアルバイトでした。自分がそれまで思い描いてきた将来像とは異なる日々だったため、自分の理想像に近づくためには何を変えなければいけないかを真剣に考え、パソコンや英語の勉強をしようと決めてお金を貯めることにしました。

当時、時給が730円だったので、お金を貯めるには質素な暮らしで生活費を削るしかありませんでした。毎朝早く起きて、おにぎりをつくり、通勤はできるだけ自転車を使っていました。節約のためジュースも半年くらい我慢していたので、工場の先輩がおごってくれて久しぶりに飲んだジュースの味が格別だったことを今でも覚えています。

その後、徐々にお金が貯まり、パソコン教室に通い始めたわけですが、その頃から意識していたことは、「重要」だけど「緊急」ではないことが将来の自分への投資になるのだということです。そのため、私はそのときから毎朝1時間勉強しようと決め、実行することにしました。

時間管理のマトリックス

当時は知らなかったのですが、スティーブン・R・コヴィー博士の有名な著書「7つの習慣」で紹介されている「時間管理のマトリックス」という考え方があります。

図表46をご覧ください。「時間管理のマトリックス」とは、「重要度」と「緊急度」の2軸の4象限で表すことができます。

ここで、ご自身の日々の行動を考えてみてください。どこの領域の作業に時間を割かれているでしょうか。おそらく、多くの方が第1領域（緊急かつ重要）にほとんどの時間を費やしているのではないでしょうか。

第1領域は、「緊急かつ重要」なので、事業を行う上で後回しにはできないところではあります。ただ、社会人になると、多くの方が第1領域（緊急かつ重要）ばかりに時間を使い、実は自分自身にとって最も重要である第2領域（緊急ではないが重要）に時間を割けなくなることは、非常にもったいないことです。

私は、自分が会社員の傍ら大学院に通っていたせいもあるかもしれませんが、大学を卒業して社

【図表 46　時間管理のマトリックス】

	緊急	緊急でない
重要	第１領域 ●仕事 ●仕事に関する勉強 ●病気や事故 ●危機管理や災害 など	第２領域 ●自己啓発 ●人間関係づくり ●健康維持 など
重要でない	第３領域 ●突然の来訪 ●多くの電話 ●多くの会議 ●付合い事 など	第４領域 ●暇つぶし ●ゲーム など

会人になると、なぜだか急に「将来のための勉強」を止めてしまう人が増えるなと感じていました。

もちろん、その時々の仕事に直結するような勉強はしているのですが、それ以外の勉強はしなくなっている人が多いようです。しかし、それでは第2領域（緊急ではないが重要）を軽んじていることになります。

学生の頃は時間もたくさんあり、将来ああなりたい、こんな仕事をしたいと夢がたくさんあったことかと思いますが、実際に社会人になるとどうしても目の前の仕事・作業に忙殺されてしまい、なかなか真剣に将来のことを考える時間は取れないのでしょう。

しかし、だからこそ、本書に手を伸ばしていただいたことをキッカケに、1度「将来の自分の理想像」について本気で考えてみていただきたいと思います。

10年後、20年後、どんな仕事をしていたいでしょうか。誰とどんな生活を送っていたいでしょうか。「将来の希望＝目標」ができれば、自ずと今何を勉強すべきかがわかってくるかと思います。実際に、私も工場のアルバイトをしていた頃に、「工場アルバイトの自分」から何とか未来を変えていきたいと悩みました。そして、理想像に近づくために必要なことは何かと毎日必死に考えた結果、パソコンや英語の勉強をしようと決意し、時間はかかりましたが実行に移してきました。

正直なところ、当時、具体的に「希望の職業」があったわけではありません。パソコンや英語の勉強が将来的に本当に転職に役立つのか、仕事で使えるのかもわからなかったのですが、当時は「選択肢を広げるための自己投資」と割り切って勉強をし続けました。

結果として、パソコンを使えるようになったことで貿易会社の社員になることができ、語学留学を経て英語も話せるようになったことで転職して外資系メーカーの会社でアジアの組織に所属するというキャリアアップができました。英語もパソコンも使うような仕事をすることになり、海外の人とやり取りをする日々はとても楽しかったです。そして、何より、仕事を通じてたくさんの友人ができたことが自分にとってかけがえのない経験、自信となりました。

現在は会社員を辞め、自分の会社を経営しているので、パソコンは日常的に使うものの、残念ながら英語はあまり使わなくなってしまいました。しかし、定期的に英会話の授業を受けて英語力をキープするように努めているので、趣味や旅行には役立っています。また、いろいろな情報を調べたり勉強したりするときにも、日本語だけで調べるのではなく、英語の文献なども見るようにしているので、英語を勉強してきたことは今でも役に立っていると思います。

自分の経験を振り返ってみると、やはり第2領域に時間を割いて勉強を続けてきた結果が、「工場アルバイト」から「小さいながらも会社の経営者」への成長なのではないかと思っています。

元々パソコンも英語も全くできなかった私が、努力と気合いでできるようになったのですから、すでに個人事業主をされている皆様であれば、きっともっと素晴らしい未来を切り開いていけることと思います。

1・01の法則

もう1つ、別の視点である「1・01の法則」を使って時間の大切さをご紹介したいと思います。この法則は、1・01を累乗させていくと「最初は小さな力でも、やがては大きな力になる」というものです。図表47は、1・01に毎月1・01を乗算させた伸びを計算したグラフになります。つまり、毎月1%だけ努力して成長を続けた人の伸び率を表しています。

現状維持の人と比べると、毎月1%の努力を重ねても最初の10年は大した差ではありません。しかし、20年も経つと差が大きく広がり、30年にもなると埋めることができないほどの差ができていることがわかります。

例えば、SNSなどで昔からの友人・知人を見てみると、20代の頃は「夏休みに仲間と海外旅行に行きました」や「ゴルフのラウンドデビューをしました」など、誰の投稿も似たり寄ったりで、

【図表 47　１・０１の法則】

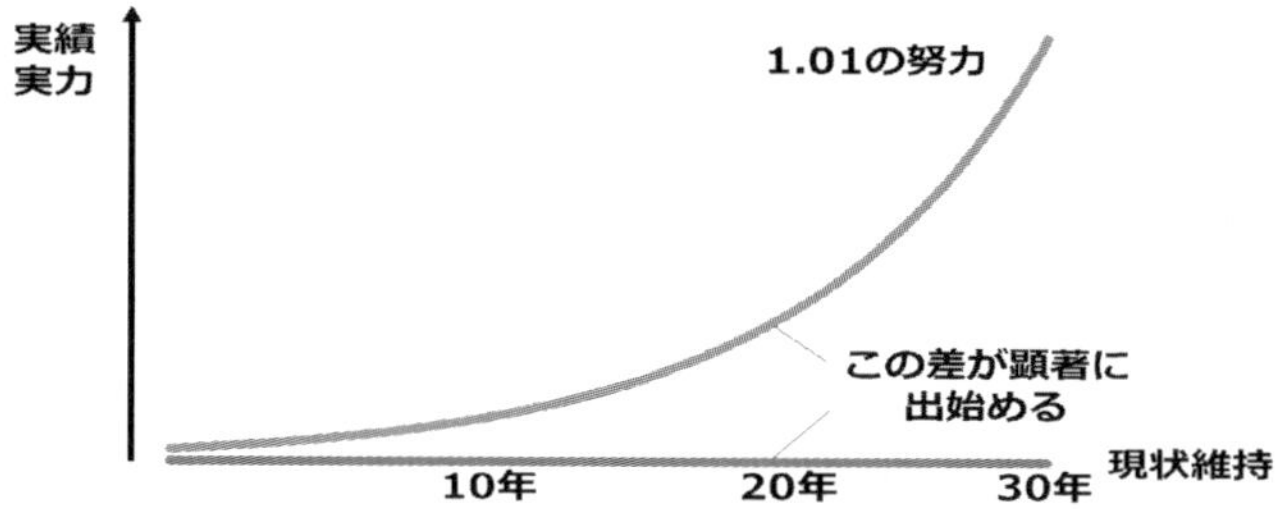

大人になったばかりの輝かしい日常の話題が多かったかと思います。

それが30歳を過ぎてしばらくすると、大きなイベントを主催したり、本を書いたり、新聞に載ったり、海外転勤で支社長をしたりと、「おやっ」と思うような大きな仕事をする人が増えてきます。20代の頃にはそれほどなかった差が、30代では顕著になり始めたのです。

かくいう私も、経営学修士まで修了するご縁があり、今でこそ「大学院卒のＭＢＡ取得者」「小さいながらも３つの会社の経営者」となりましたが、最初に本の執筆の野望を抱いた20歳の頃は、工場でアルバイトをしていました。１％というと大したことではなく見えますが、この小さな努力を継続することにより、当時は想像もつかなかった「経営」や「ビジネス」に関する本の執筆ができるまでになったのです。正に「継続は力なり」です。

「明日死ぬかのように生きる。永遠に生きるかのように学ぶ」というガンジーの言葉にあるように、第2領域（緊急ではないが重要）に目を向け、そして、月に１％の成長を続ける努力を皆で一緒にしていきましょう。

10　周りがよくなることで自分が損をすることは1つもない

周りの人の成功はうれしいもの

「周りがよくなることで自分が損をすることは1つもない」——これは、私の友人が昔から実践している考え方です。

その友人と私は、10代の頃からの付合いなのですが、彼はいつも他人に献身的な行動をとっていました。そんな彼と長く付き合っていくうちに、彼がなぜそのような献身的な考え方を持っているのかを知ることができました。

彼曰く、「自分の周りの人が失敗したり経済状況が悪くなったりすれば、お金を貸してくれと言われるかもしれない。もし、自分が何かで困ったとしても、周りの人に余裕がなければ助けの手を差し伸べてくれないかもしれない。でも、周りの人が成功していれば、お金の無心といったマイナス面はもちろんなく、さらには共に成長していく志を持った仲間になるかもしれない」。

「情けは人の為ならず」ということに近いのかもしれませんが、周りの人が成功することはよいことだという考えに私も感化され、彼のように行動することにしました。最初は、表面だけ取り繕ったかのような振舞いであったかもしれませんが、「行《おこない》は相《そう》を表す」ものなのだと信じて、献身的な行動を続けました。

そうしているうちに、次第に自分の中にもその考えは定着していき、心から周りが成功することがうれしいと感じるようになりました。そして、いつの間にか、周りが成功するための協力も献身的にできるようにもなっていきました。

ウィン・ルーズとルーズ・ウィン

周りの人の成功は、本当に喜ばしいことです。

そして私は、その成功はどちらか一方が損をするのではなく、「ウィン・ウィン」の原則をベースに成り立つべきものだと信じています。

私は何か仕事を外注するとき、全く知らない第三者にお金を払ってお願いするよりも、できるだけ仲間内に仕事をお願いしたいと考えています。また、仲間に仕事をお願いするときには、太っ腹とまではいきませんが、値引交渉などはしません。値引きをするということは、私にとってはプラスになるけれども、相手にとってはマイナスになってしまうため、「ウィン・ルーズ」の関係になってしまうからです。かといって、他社に発注するよりも高いと知りながら仲間に多く金額を支払うのでは、「ルーズ・ウィン」の関係になってしまいます。

「ウィン・ルーズ」、「ルーズ・ウィン」ではなく、「ウィン・ウィン」を基本的なルールと誰もが考えていれば、自ずと適正な金額というのは決まってくるものです。

ここでまた、先輩経営者であり友人の鈴木さん（仮名）の話をさせてください。

不動産投資家でもある鈴木さんは、知合いからある物件を500万円で買ってほしいという話を持ちかけられました。快く引き受けたものの、その後、知合いの奥さんから500万円で売却するなんて安すぎる！　とストップがかかりました。

そこで鈴木さんは、どんな対応をしたと思いますか。

通常、不動産業界では、「指値」といって購入する側が自分の希望の値段を提示することはありますが、「追い銭」のように金額を増やしても購入させてくれということはあまりありません。ですが、鈴木さんは、「それじゃあ600万円で購入するよ」と気前よく追加で払うことを申し出ました。

鈴木さんは、もしここで「500万円」で押し通せば、「ウィン・ルーズ」になってしまうし、「買わない」という選択をすれば、お互い「ルーズ・ルーズ」になってしまう。でも、もし知合いが値段を上げて他の買い手を探し、その結果売れずに「やっぱり500万円で買ってほしい」ということになったとしたら、自分と知合いは最初の話どおりなので問題はないけれども、奥さんにとっては「ルーズ」になってしまう。それならば、自分がその物件を600万円の価値のあるものだと思えるのであれば、自分から金額を上げることで、自分も知合いもその奥さんも、皆それぞれ「ウィン・ウィン・ウィン」になるだろうと考えたそうです。

この話を聞いたとき、私はやはりうまくいく経営者というものは器が違うのだと感じました。そして、「ウィン・ウィン」を自分のベースに持つことは大切なことだと改めて思いました。

第7章　人生を楽しもう

1　ビジネスに固執しない

自分に厳し過ぎることをやめる

本書は、個人事業主の方が法人をつくって2足のワラジにすることで、相乗効果によりイイトコ取りをして節税し、手元のお金を増やし、最近騒がれている「老後2，000万円問題」のような老後不安をなくして、安心した生活を送ることができるようにという思いで書き始めました。

法人をつくるには、大体の場合、新規事業を立ち上げる必要がありますし、手元のお金を増やしていくにはそのビジネスを軌道に乗せなければならず、大変な努力をしていくことになるかと思います。しかし、逆説的ですが、「ビジネスに固執し過ぎない」ということも忘れてはいけない大切なポイントです。

なぜこんな話をするかというと、少し前まで私自身がいつの間にかビジネスや成功の大小に固執し過ぎて、見えないライバルと競争を続けている時期があったからです。不動産賃貸事業をやるからには○戸は持っていないといけない、1つの事業をつくるなら年間キャッシュフローは○万円以上なければいけないなどと、世の中の同じ業種の人の実績を自分のものと比べては、そのレベルまで上げなければと闇雲に自分に対して厳しい評価をしていました。

しかし、そんなある日、ふと「ビジネスに固執し過ぎない」、これこそが自分の人生を豊かにさせる大事なルールだと気づいたのです。

成功することに固執して、がむしゃらに頑張ることがすべて悪いわけではありません。しかし、がむしゃらに頑張っても、自分の目標とする成功に手が届かず、それ故にもがき続けるとしたら、それは苦悩の日々を送ることと同じです。

もちろん、ビジネスの成功や生活していく上でお金がとても重要ということは理解しています。ここにきて、突然「お金はなくても夢があれば幸せ！」なんてことは言いません。ただ、もっともっと成功したい！　１歩でも前に進んで！　と、盲目になっている自分の姿に気づいたとき、同時に私の人生の主な目的は一財を成すことでも、税金と戦い続けることでもない、と目から鱗が落ちるように急に視界がクリアになり、心が軽くなったのです。

悔しいですが、私は天才ではないので、巨万の富を得るような成功を何度も収め続けることはできないと思っています。ですから、そこに固執して奮闘し続けることは諦めました。

自分の人生を豊かにできるよう、好きな趣味や自己投資、仲間や家族との時間に使える自由な時間を得ること。そして、そのために必要なだけのお金を得ること、これが私の働く目的です。

私は、人生を楽しむためいろいろと見聞や視野を広め、今あるやりたいことリストをどんどん増やしていき、有限な時間を心から楽しみたいと思っています。

個人事業主や法人の経営者の方に闇雲に「頑張るな」、「圧力（プレッシャー）を感じるな」というのは難しい話かもしれませんが、自分に対するプレッシャーを緩めてあげることが人生にとって

1つの重要な転換点になるかもしれません。

2　死ぬ間際に考えること

やりたいことリストをつくる

誰もが、やりたいことを挙げだしたらキリがないと思います。例えば、海外への語学留学、大学などでの学び直し、海外生活、旅行、趣味に没頭など、やりたいことリストは多岐に渡ることでしょう。

しかし、「やりたいことはたくさんあるけど、時間がなくてできない」と諦めてしまっていませんか。それではもったいないです。ここまでにご説明してきたように、新しい事業で不労所得を得られるようになれば自由な時間は増えていくので、これを機に「やりたいことリスト」をつくってどんどん書き出してみてください。目標ができると、仕事へのモチベーションにもつながり、相乗効果で仕事も今まで以上に頑張れることと思います。

私の場合は、「大学に行かず社会人となったので、大学に通ってみたい。起業のための勉強がしたい。海外旅行、国内旅行をたくさんして視野を広げたい。海外に住みたい。英語だけでなく他の言語も勉強したい。本を執筆したい」と簡単には実現できないようなことばかりをリストに挙げていました。

ですが、数年前、北海道旅行からの帰りにフェリーで茨城へ移動していたときのこと、たまたま隣の席に座った方が大学で物理学の教鞭を執る八田教授（仮名）でした。最初は当たり障りのない会話をしていたのですが、学問全体や物理学、社会問題などの話で盛り上がり、意気投合して茨城に到着するまで6時間近くも2人で話し込んでいました。そして、別れ際に「僕の授業を聞きに来てほしい」と招待していただき、私は喜んで1クールの単科を受けに行くことにしました。

運よく会社員時代に大学院に入学するご縁があって大学院を卒業しているものの、大学に通うという経験がなかったので、現役の大学生と机を並べて学ぶ場は私にとってとても新鮮なものでした。

また、工場勤務のときにはペルー人の同僚が多かったので、「いつかは南米へ行ってみたい」と昔から思っていたのですが、その夢もカナダへ語学留学したときに叶えることができました。ひと月ほどの休みが取れたので南米の地を訪れたのですが、国民性や文化、雰囲気などがとても気に入り、また必ず南米に遊びに来ようと思いました。その後、南米で使えるスペイン語を学び始めたり、同じような理由で中国語を学んだりして、旅行では困らない程度のスペイン語と中国語を身につけることができました。

これまた無謀とも思えた本の出版も実現できたので、執筆活動も落ち着き、少ししたら家族を連れて本格的にスペイン語を学びに海外留学をしようかとも考えています。

このように、私がつくったやりたいことリストは、何だかんだと時間をかけて叶っていきそうです。

ちなみに、リストは頭で考えるだけでなく、「文字で書き出す」ことが重要です。何がしたいかという目標を書き出すことで、それを実行するためには何をいつまでにする必要があるかが明確になります。つまり、やりたいことが決まれば、実現するために逆算して行動できるようになるのです。

どんなことでもよいので、ぜひ1度、「やりたいことリスト」を書き出してみてください。

アドレスホッピングを楽しむ

私自身、どこか1か所に滞在していないと仕事ができないというわけではありません。それは、ビジネスで得た資産を金の卵を産むガチョウに変えていたり、目新しい第3の事業に軸足を移し始めたりして、場所に制限されずに働けるようになったからです。

そこで、今、新たにやってみたいと思っていることがあります。それは、「海外に住んでみる」ということです。これまでは、海外には旅行で行くことがほとんどで、現地に住み着いて「生活をしてみる」という経験はほとんどありませんでした。

旅行とは違った「海外」が、生活を通じて見えてくることには薄々気づいていましたが、貧乏性な私には、海外に滞在しているのに「観光をしない」という選択肢が取れず、すぐにあちこち歩き回ってしまっていたからです。

しかし、今回は、私のやりたいことリストにある「旅行ではなく海外に住む」を実現すべく、本書の執筆が終わったら、マレーシアのペナン島やフィリピンのセブ島、もしくはスペイン語圏で生活してみようと考えています。1か所に大体2か月くらい滞在をして、現地の生活をちょっとずつ覗いてみたいと思います。

玄関から1歩外に出ると毎日が新鮮な海外での生活。旅行好きの私にとってはこれ以上にないワクワクが待っています。

逆算して生きる

死ぬ間際に「もっと仕事をしたかった」「もっとお金を稼ぎたかった」と思う人はあまりいないのではないでしょうか。私でしたら、家族との楽しい思い出を思い出しながら、「もっと愛する家族や仲間と一緒にいたかった」と思っているのではないかと思います。

２０１８年11月から2年間の「人生の小休止」を始めて約1年半が経過しましたが、この期間に家族や友人と旅行に出かけた日数を数えてみたら、何と１４０日もありました。海外は、中国、モロッコ、タイ、ベトナム、オーストラリア、アメリカ、バハマ、メキシコに出かけ、本場のディズニーランドやユニバーサルスタジオに行ったり、１週間の豪華客船クルーズに初めて乗ったりもしました。国内では、北は北海道、南は沖縄まで旅行を楽しみましたし、各地のお祭り見物もしました。

飛行機はエコノミー、国内旅行は大体気ままな車旅ですし、元々さほど高価で豪勢なものを食べたい性分ではないので、旅行をたくさんしても費用は思ったほどかかりませんでした。しかし、家族との思い出は、たくさん、たくさん、できました。

私が死ぬ間際に思い出すのは、こういった家族や仲間と一緒に過ごした楽しい時間なのかもしれません。

もちろん、人それぞれ人生のゴールは異なると思います。「有名になって後世に自分の名前を残したい」「一財産築きたい」という方もいるでしょう。しかし、人の根本的な願望や幸せというものは、そうは変わらないのではないでしょうか。目標を達成して使い切れないほどのお金を手に入れたとしても、どれだけ有名になったとしても、もしその人が孤独や満たされなさを感じていたとしたら、それは本来の意味でのゴールではないでしょう。

当たり前ですが、人生は有限です。死を目前にしたとき、「もっとこうしたかった」と後悔しないように、1度本気で「自分にとっての幸せとは何か」「後悔しない人生とはどんなものか」を考え、やりたいことリストをつくって自分の幸せを実現し、「やりきった！　悔いはない！」と思えるように、日々逆算して生きていくことが大切なのではないかと思います。

3　金の卵を産むガチョウを育てる

ガチョウを育てた後の形

元々計画していたわけではないのですが、私が2年間の小休止を取ることができたのも、現在大半の時間を家族と旅行をして過ごせているのも、自分の持っている現金資産を金の卵を産むガチョウに変えて、資産にお金を生んでもらう仕組みをつくってきたからなのだと思います。

今はまだ、ガチョウが産んだ金の卵をヒナに育て、次の金の卵を産むガチョウに育つように新たな事業を考えたりする日々ではありますが、そのペースは次第にゆっくりとなり、金の卵の一部は家族との思い出の時間に変わってきています。

貨幣はあくまで紙です。人生で使うお金は無限ではありません。ある程度のお金を得られたならば、それが2倍も3倍も必要なわけではありません。自分の死後、家族など大切な人たちにお金を残すことも素敵なことではありますが、前にもお話ししましたように、お金の価値は常に同じとは限りません。

そうであれば、私はお金を「経験」や「モノ」に変えていくことがよいのではないかと思います。人生に必要なお金を得られる仕組みをつくれたならば、次は貨幣という紙を最終的にどのような形に変えるのか考えてみましょう。

メンターを見つける

本書では、繰り返し「手元に多くのお金を残せるよりよい将来のために、法人を設立して新しい事業を始めましょう」とおすすめしてきましたが、すでに個人事業主として既存事業の経営をされている方にとっては、新たな取組みをするということは、時間的に難しい部分もあるかもしれません。

私がご紹介した事業は、比較的簡単に始められるものですが、もちろんこれ以外にも無数の事業があります。本書を手に取っていただいた皆様にとってどんな事業が始めやすいか、1度考えてみてください。

それでも「これだ！」という事業が見つからなかったときには、よいメンターを見つけることをおすすめします。

タイムチケット事務局が提供している「あなたのサービス・事業・生き方の相談承ります！（1万円）」で相談してもよいですし、周りの人の行っている事業で気になるものがあれば、その人にいろいろと教えてもらってもよいかもしれません。

私が起業をしたり、不動産投資や太陽光発電投資などを始めたときにはメンターがいなかったので、自分で創業の仕方や投資について調べたり、業者を開拓したり、金融機関を当たったりと、かなり多くの時間を費やしました。

試行錯誤の末、最善と思うことをやってきたつもりですが、それでもすべてがうまくいくわけではなく、失敗や回り道も経験しました。

もちろん、自分で1から組み立てていくことは、経験値にもなりますし、悪くはないのですが、よいメンターを見つけることで失敗のリスクを減らし、効率よく新しい事業を始められというのも事実です。

もし何かに迷うことがあれば、よいメンターを見つけて相談し、成功への近道を進んでいってください。

マインドセットを見直して社会への還元に

必要以上にお金を稼げるようになったら、次は社会に還元、貢献していくことも大切です。

起業したばかりの頃、私は「人のため、社会のために役立つことを続けていけば、お金は必ず後からついてくる」と信じていました。なぜなら、経営学の授業からも、著名な経営者の自伝からも、「成功の秘訣は謙虚さ、感謝の心を忘れないこと」、「社会貢献がしたくて一生懸命努力をしていたら、いつの間にか一財を築いていた」ということを教わったからです。

しかし、現実はそう甘くはありません。起業後ほどなくして、きちんとしたサービスを提供して適正なリターンをもらい、そこから利益を確保しなければ事業はうまくいかないのだということを実感しました。そして、実は順序が逆で、自分の望む生活に必要なお金を稼げるくらいに事業が成ったとき、そこから社会貢献をしていけばよいのだと気づかされました。

そこで、私は最初のガチョウである不動産賃貸業がある程度の規模になった後、改めて社会に貢献したいと思うようになり、これから起業したい、経営を効率化したいと思っている人たちの手助けになればと、自分の経験を活かして本の執筆や講演・コンサルティングを始めました。

おわりに

前著「不動産投資を事業経営に変える!! 資産形成術」では、起業を志す会社員が収入を安定させながら起業ができるよう、まずは副業として会社を設立し、失敗しない不動産投資を行う方法を自らの体験に基づいて書きました。

そして、本書は「個人事業主」兼「会社経営」をしている私自身が抱えていた課題を解決したやり方を、数年前の自分に教えるように書きました。

同じ課題を抱えている方の一助となればと願い、できるだけ理解しやすいように、数字や図表を使って書いたつもりです。

それでもわかりづらい点などがあればフォローさせていただけるように、それから皆様にも新しいサービスに触れてみてもらえるように、「効率経営相談」の時間売りチケットをタイムチケットで発行しておくことにしました。

本書を購入していただいた方へのお礼の意味で、「本読みました」とメッセージをくださった方限定で次の割引チケットをご用意しておきます。

ご相談が必要な際にはご利用ください。

■効率経営相談【特典用】

https://www.timeticket.jp/items/80273

今までの私は、ビジネスに固執するがゆえに、常に前進あるのみ！　と自分自身に厳しかった時期もありました。

しかし、幸か不幸か経営する会社が税制の縛りにあってしまい、やむなく「小休止」をとることになりました。そこで、人生で初めて、自分が「死ぬ間際に考えること」や「人生を楽むこと」などをゆっくりと考える時間ができました。

すると、ふと肩の荷が下りた気がして、人生が開けたような瞬間がありました。

本書をお読みいただいた個人事業主の方、会社経営の方には、愛する家族を守るために日々全力で戦っている人が多いのだと思います。

私と同じく、自分に対して厳しくなり過ぎる人がいるとしたら、肩の荷を下ろす参考になればと思い、近年取り組んでみた小さな事業の創造や人生でやりたいことなどを共有させていただきました。

「はじめに」でも触れましたが、今、個人事業主である私たちに必要なことは、効率的な経営により、どのようにして手元に残るお金を増やし、金の卵を産むガチョウのように「資産にお金を生み出してもらう仕組み」をつくり、将来的には年金受給額を増やして安心した老後を迎えるための、短期から長期にまで渡る効率的かつ合理的な戦略です。

本書を通じて、私の取り組んだ課題解決が、皆様の一助になれば幸いです。

ルー大谷

著者略歴

ルー大谷（るーおおたに）

ユアビジョン株式会社 代表取締役社長。アセットストラテジー合同会社 代表社員。

1981年生まれ。神奈川県出身。通信制高校を4年で卒業後、貿易会社やＩＴ会社の派遣事務に転職。25歳でカナダに半年間の語学留学をして、帰国後にＩＴ会社（東証一部上場）に就職。プロジェクトマネージャ、海外事業戦略担当を経て、30歳で大学院に飛び級入学し、経営学修士号を取得。その後、世界的規模のＩＴハードウェアメーカーへ転職し、経営戦略や本部長補佐を歴任。投資していた不動産が4億円規模になったときに会社を退職し、現在は会社を2社経営、不動産投資のコンサルティングや経営の講演会なども開催。

資産形成や経営に関する相談にご関心の方、または本書へのご感想などは「seijiotani@grandcanyons.net」までご連絡お待ちしております。


個人事業主と法人を上手に活かした効率経営

2020年6月4日 初版発行　2022年12月23日 第8刷発行

著　者　ルー大谷　© Luotani
発行人　森　忠順
発行所　株式会社 セルバ出版
〒113-0034
東京都文京区湯島1丁目12番6号 高関ビル5B
☎ 03（5812）1178　FAX 03（5812）1188
http://www.seluba.co.jp/
発　売　株式会社 創英社／三省堂書店
〒101-0051
東京都千代田区神田神保町1丁目1番地
☎ 03（3291）2295　FAX 03（3292）7687

印刷・製本　株式会社 丸井工文社

Printed in JAPAN
ISBN978-4-86367-582-7